르네상스의 어둠

르네상스의 어둠

도현신 지음

빛의 세계에 가려진 11가지 진실

생각비행

이성과 빛으로 가득 찬
르네상스의 환상에서 벗어나자

학교에서 세계사를 배운 사람이라면 수업 시간 내내 졸았더라도 이 단어 하나는 기억할 것이다. '르네상스.'

르네상스에 관해 교과서나 세계사 개론서가 말하는 내용은 거의 비슷하다.

"로마제국 이후에 접어든 중세는 오직 종교에만 매달리는 미개한 시대였다. 15세기부터 이탈리아에서 고대 그리스와 로마의 찬란한 문명을 되살리자는 뜻의 르네상스가 일어나면서 유럽은 발전했고, 이를 바탕으로 마침내 계몽주의와 제국주의 시대를 거쳐 세계를 주도하게 되었다."

이런 단순한 도식과 이미지가 과연 역사적인 사실일까? 중세가 정말로 아무런 볼 것도 없는 원시적이고 미개한 시대였을까? 사람들은 흔히 르네상스를 미개했던 중세의 어둠에 가려진 그리스 로마 문명을 다시 발굴해서 되살린다는 뜻으로 알고 있다. 그러한 이유로 르네상스의 중심지인 이탈리아에서 그리스 로마 회화와 조각 같은 예술 양식이 활발하게 일어났다고 본다.

그러나 《중세는 살아있다: 그 어둠과 빛의 역사》라는 책을 쓴 프랑스의 장 베르동Jean Verdon 교수를 비롯해 최근 서구 학자들의 연구에 따르면 중세가 암흑시대로 불릴 만큼 미개한 시대는 아니었다고 한다. 중세를 부정적으로 보는 시각은 종교에 대한 반감이 가득했던 18세기 계몽주의 시대에 형성된 편견이며, 사실은 중세 시대에도 나름대로 문명이 발전했다는 것이다.

르네상스 시대에 관한 일반적인 선입견도 사실과 다르다. 그리스와 로마의 부활이라고는 했지만, 르네상스에 고전 문명이 미친 영향은 회화나 조각 같은 예술 분야로 국한되었다. 좀 더 단적으로 말한다면, 그게 전부였고 나머지는 없었다.

정치·경제·군사·사회 면에서도 그리스 로마적인 부활의 내용은 찾아볼 수 없었다. 그리스 로마 문명의 핵심이라고 할 수 있는 시민이 중심이 된 민주정치는 전혀 이루어지지 못했다. 오히려 이탈리아의 여러 도시국가에서는 시뇨리아signoria(중세와 르네상스 시대에 시뇨레[군주]가 다스린 정부)라고 하는 특정 가문의 권력 독점만이 두드러졌다. 잉글랜드, 프랑스, 스페인 등 다른 주요한 유럽 국가는 왕권이 강화되는 절대왕정 치하에 있었다.

군사적인 부문에서는 약간 달랐다. 중세 시대 군대의 주력이던 무장 기사들이 장창으로 무장한 보병들에게 밀려났다. 스페인의 테르시오Tercio나 신성로마제국의 란츠크네히트Landsknecht 같은 장창 보병들이 전장의 주역이 된 것이다. 방패와 장창을 갖춘 중무장 보병인 호플라이트Hoplite나 페체타이로이Pezh tairoi들이 전장을 누비던 고대 그리스와 어느 정도 비슷하다고 할 수 있다.

그러나 창과 방패로 무장한 보병이 활약한 것은 고대 게르만족이나 바이킹들도 마찬가지였다. 암흑기로 불리는 중세에도 서유럽 국가 대부분이 창과 방패로 무장한 보병이 서로 뭉쳐서 일정한 전열을 형성하고 싸우는 '방패벽' 전술을 오랫동안 사용했다. 따라서 르네상스 시대부터 갑자기 그리스 로마적인 전통이 군사 면에서 부활했다고 단정 짓기는 어렵다.

르네상스 시대의 유럽 군대가 모두 보병을 기반으로 삼은 건 아니었다. 동유럽의 폴란드 같은 경우는 5미터나 되는 장창을 쥐고 맹렬히 돌격하는 윙드 후사르Winged Hussar 같은 중무장 기병이 군대의 주력으로 군림했다. 더욱이 시대가 시대인 만큼 르네상스 시대부터 모든 유럽의 군대는 소총과 대포 같은 화약 무기를 기본으로 갖추고 이를 이용한 총격과 포격 전술을 도입했다.

종교적인 면에서도 그리스 로마의 부활은 없었다. 가톨릭교회의 부패에 상당수 유럽인이 넌더리를 치던 상황이었지만, 누구도 그리스 로마의 신앙을 다시 살려내고자 시도하지 않았다. 오히려 가톨릭교회의 부정을 비판하고 수정해서 새로운 기독교 신앙을 정립하려는 종교개혁의 노력이 각지에서 빗발쳤다. 현세의 행복과 내세의 구원을 염원하는 시대에 고대의 원시 신앙으로는 문제를 해결할 수 없었다.

어떤 사람은 그리스 로마 전통인 다신교적 흐름이 종교적인 관용으로 이어졌다면서 다르게 볼지도 모른다. 그러나 르네상스 기간 내내, 유럽인들은 다른 신앙에 대해서 관용을 베풀지 않았다. 심지어 르네상스가 끝나고 절대왕정의 시대로 접어든 17세기에도 마찬가지였다. 17세기 중엽부터 잉글랜드에서는 성공회 신도가 아닌 가톨릭 신자에게는 왕위 계승권이 주어지지 않았다. 같은 기간 프랑스에서 루이 14세는 가톨릭 이외의 신교도에 관해 정치적인 목적에서나마 관용을 베풀던 낭트칙령을 폐지한다고 선언할 정도였다.

독일에서 가톨릭과 개신교가 종교 문제로 1618년부터 1648년까지 30년이나 전쟁을 치렀다는 점을 감안한다면, 르네상스야말로 중세보다 더한 종교적 광신이 판을 치던 시대라고 보아야 하지 않을까? 르네상스 시기에 일어난 가장 큰 문화적인 흐름인 종교개혁을 생각해본다면, 과연 르네상스를 그리스 로마 문명의 부활이라고 단언할 수 있을지 의심스럽다. 종교개혁은 그리스 로마적인 인본주의와는 철저하게 반대되는 신본주의적인 사상의 집대성이지 않았는가?

흔히 우리가 알고 있는 모습과 달리 르네상스는 사람들이 1년 365일 아무런 근심이나 걱정 없이 편안하게 예술 활동만 하면서 살던 시대가 아니었다. 르네상스가 한창인 15세기와 16세기, 르네상스의 본고장인 이탈리아를 비롯한 유럽 전역은 전쟁이 그치지 않고 잔인한 살육이 자행되던 피의 바다였다.

이밖에도 16세기 유럽인은 누구 할 것 없이 외부의 이슬람 세력을 두려워했다. 오늘날 터키의 전신인 오스만제국은 막강한 힘으로 유럽의 동부 내륙까지 파죽지세로 쳐들어와 유럽인을 공포에 떨게 했다. 북아프리카의 바르바리 해적단은 이탈리아와 스페인은 물론 전 유럽의 해안 지대를 돌면서 인신매매와 노략질을 일삼았다. 바르바리 해적단의 약탈은 16세기부터 19세기 초까지 약 300년간 계속되었으며, 그 기간에 납치된 유럽인은 무려 125만 명에 달했다. 이처럼 우리의 상상과는 달리, 르네상스 시절의 유럽인들은 오스만제국이나 바르바리 해적단이 쳐들어와 언제 그들에게 납치당해 노예로 팔릴지 모르는 두려움에 떨며 살았다.

그런 와중에 유럽인들은 후대의 역사에 길이 남을 범죄를 저질렀다. 16세기 들어 대서양 건너 그들이 새로 정복한 신대륙에서 일할 노동력을 구하기 위해 멀리 아프리카에서 노예를 잡아 끌고 갔던 것이다. 신대륙에 정착한 흑인 노예들과 그들을 비인간적으로 착취하는 백인 노예주들의 문제는 오늘날까지 풀리지 않는 골칫거리인 인종차별의 불씨가 되었다.

자, 이렇게 본다면 르네상스를 단순히 그리스 로마의 부활 혹은 낭만적인 문화와 예술의 시대로만 보는 시각은 접어야 하지 않을까? 실제의 르네상스는 전쟁과 종교적 광신, 음험한 권모술수가 도처에서 쉬지 않고 끓어오르던 기간이었으니 말이다.

이 책, 《르네상스의 어둠》이 나온 지 4년이 흘렀다. 2판을 찍고 절판했으나 책을 찾는 독자들의 관심이 계속 있다는 출판사의 말을 듣고 놀라면서도 기뻤다. 이번에 새로 펴내는 완전판은 3판에 해당한다. 종전의 1판과 2판에서 미처 말하지 못했던 새로운 내용들을 찾아서 약 60페이지 정도의 분량을 추가했다. 이 책을 찾아 읽는 독자들에게 드리는 선물이라고 봐주시면 감사할 따름이다.

《르네상스의 어둠》이 독자 여러분들에게 계속 사랑받는 책으로 남는다면, 저자로서 더 바랄 것이 없겠다.

차례

1

예술

금권숭배와 권모술수 속에서 피어난 찬란한 문화

RENAISSANCE

학술 서적과 담을 쌓은 사람이라도 한번쯤 마키아벨리라는 이름은 들어보았을 것이다. 《군주론》은 르네상스 시대 이탈리아에 살았던 관료이자 학자인 마키아벨리가 1532년 메디치 가문의 주인인 로렌초 데메디치Lorenzo de Medici에게 바친 책이다.

마키아벨리가 쓴 《군주론》은 세상에 알려지자 큰 파장을 불러일으켰다. 군주는 강력한 통치를 위해 도덕이나 법에 제약을 받지 않고, 때로는 잔인하고 폭력적인 방법도 얼마든지 사용해야 한다는 것이 《군주론》의 핵심이었다. 당시 유럽을 지배하고 있던 기독교적인 도덕관에 완전히 위배되는 내용이어서 읽는 사람마다 충격을 받았다. 1559년 로미교황청은 결국 이 책을 금서로 공식 지정했다.

교황청의 조처로 오늘날까지 많은 사람이 《군주론》 하면 음험하고 비열한 권모술수만을 떠올린다. 잔인하고 냉혹한 통치를 가리켜 '마키아벨리즘'이라고 부르는 용어까지 생겨났다.

하지만 마키아벨리와 《군주론》을 옹호하는 사람들은 그렇지 않다고 말한다. 《로마인 이야기》로 유명해진 시오노 나나미가 그 대표적인 예인데, 마키아벨리는 군주의 강력한 통치로 사회의 평화와 안정이 오기를 바랐을 뿐, 결코 포악한 독재자의 탄생을 원하지 않았다고 반박한다. 더 나아가 마키아벨리의 《군주론》은 인간과 사회의 냉혹한 본질을 적나라하게 파악한 명작이라는 찬사까지 덧붙인다. (시오노 나나미는 《나의 친구, 마키아벨리》라는 제목을 단 에

마키아벨리. 그가 쓴 《군주론》은 오늘날 파시스트와 독재자들의 성전聖典이라 불리는 악명을 쓰고 말았다.

세이집까지 낸 바 있다.)

마키아벨리에 관한 평가는 잠시 미뤄두고 주목해야 할 지점이 있다. 찬란한 문화와 예술을 꽃피운 르네상스 시기에 어째서 "군주는 사자처럼 두렵고 여우처럼 교활한 존재가 되어야 한다"는 음험한 처세술을 다룬 저서인 《군주론》이 출판되었던 것일까?

《군주론》이 나오게 된 르네상스 시기의 배경

마키아벨리가 《군주론》을 쓰던 시기의 이탈리아는 정치적으로 극심한 혼란기였다. 로마교황청과 베네치아에 제노바, 밀라노, 페라라, 나폴리 등 이탈리아의 군소 도시국가와 왕국들이 이권을 놓고 잔혹한 전쟁을 벌이고 있었다. 싸움에서 밀린 도시국가들이 외세인 프랑스와 스페인, 신성로마제국을 끌어들여 상대를 압박하려 하는 바람에 이탈리아 전역은 내전과 외침이 끊이지 않는 전란의 아수라장이 되고 말았다.

이달리아의 혼란이 가중된 또 다른 이유는 바로 대부분의 이탈리아 도시국가가 용병제로 군대를 운영하고 있었다는 점에 있다.

도시국가끼리의 전쟁이 장기화하자 자국민을 군사로 편성하는 징병제에 여러 문제가 생겼다. 농업과 공업 분야에서 농부와 노동자로 일하며 생산을 담당해야 할 국민이 전쟁을 치르기 위해 오랫동안 작업 현장을 비우게 되면, 국가 경제 전반이 마비되기 때문이었다. 이 때문에 이탈리아 도시국가들은 자국의 산업을 보호하고자 돈을 주고 군인을 고용하는 용병제를 채택하고 있었다.

그런데 이 용병들은 국가를 향한 충성심이나 시민을 위한 봉사심이 아니라 어디까지나 '돈'을 보고 몰려온 자들이었다. 이들은 전쟁이 나도 열심히 싸우지 않았다. 목숨 걸고 싸우다가 자칫 적에게 다치기라도 하면 용병 일을 못할 테고 그럼 돈도 받을 수 없지 않은가. 오늘날 프로 축구 선수들이 몸을 재산으로 여겨 위험한 플레이를 가급적 하지 않듯이, 그 시대의 용병도 마찬가지였다. 르네상스 말기가 되면 용병대를 이끄는 대장들은 다른 용병대장들과 잘 아는 사이가 되어 전장에서 마주쳐도 제대로 싸우려 하지 않았다. 동업자들끼리의 의리라고나 할까?

더욱이 용병들은 고용주가 사정이 생겨 돈을 제때 주지 못하면 밀린 '월급'을 받기 위해 강도로 돌변해 약탈을 일삼았다. 심지어 고용주를 적으로 삼고 배신하는 경우도 있었다. 14세기 비잔티움제국은 오스만제국의 침략을 막기 위해 유럽 전역에 명성을 떨치

르네상스 시대 유럽 전장에서 활약한 용병

던 카탈루냐(스페인 동북부) 용병들을 고용했다. 비잔티움제국이 약속한 보수를 제대로 주지 못하자 이들은 반란을 일으키고 가는 곳마다 무자비한 약탈을 일삼았다. 심지어 1319년에는 비잔티움의 도시인 아테네를 공격해 점령하고, 거기서 70년이 넘게 자신들만의 독자적인 나라인 아테네 공국을 세우는 일도 있었다.

국가에 봉사하기 위해 징병되어 편성된 국민군과는 달리, 용병들은 고도로 훈련된 전문 싸움꾼이기 때문에 그만큼 이들에게 지급해야 하는 보수도 비쌀 수밖에 없었다. 부유한 왕이나 귀족일지라도 용병을 많이 고용하면 얼마 못 가서 그들에게 주는 급료를 마련하기 위해서 소유한 부동산을 팔거나 금융업자들에게 비싼 이자를 내고서라도 돈을 빌려야 했다. 나중에는 빌린 돈을 감당하지 못해서 파산하는 일도 속출했다. 유럽 최강의 군주였던 스페인의 펠리페 2세도 그렇게 해서 세 번이나 파산 선언을 하고야 말았다.

용병으로 자원하는 사람 중에는 약탈품을 노리고 들어오는 산적, 강도처럼 정상적인 직업을 가질 수 없는 범죄자나 가난한 빈민이 많았다. 그런 이유로 용병대 대다수가 군기와 군율을 제대로 갖추지 못했고, 본업인 전투는 뒷전으로 내팽개치고 살인이나 노략질, 겁탈 같은 범죄에 열을 올리는 일도 빈발했다.

오늘날 모병제를 하고 있는 미국도 비슷한 이유로 군대에 자원한 사람 중 상당수가 저학력자나 범죄자, 빈민인 까닭에 병사의 질이 낮아져 문제가 생기고 있다. 한 예로 2010년 1월에는 아프간에서 장난삼아 지나가는 사람과 차에 총을 쏘아대는 미군의 동영상이 유출되어 충격을 준 적이 있다.

르네상스 시기의 이탈리아는 용병들의 막장 짓으로 말미암아 살인과 약탈, 강간이 판을 치는 살벌한 시대였다. 마키아벨리는 자신이 사랑한 이탈리아가 혼란과 전쟁으로 망가져 가는 모습을 안

타깝게 여기고 사회에 질서를 확립할 강력한 통치자를 절실히 원했다. 그런 노력의 반영물이 바로 《군주론》이었던 셈이다.

르네상스 시대
권력자들의 진면목

마키아벨리는 《군주론》에서 "사자처럼 용맹하고 여우처럼 교활하며, 적들을 무자비하게 제압하며 권력을 탄탄히 쌓아 백성에게 미움과 경멸을 받지 않는 강력한 군주"의 탄생을 열렬히 갈망했다. 그리하여 "이탈리아를 통일하여 고대 로마제국의 영광을 가져다줄 지도자"로 꼽은 사람이 바로 체사레 보르자Cesare Borgia(1475~1507)였다.

교황 알렉산데르 6세의 사생아였던 그는 아버지의 후광으로 1493년 불과 18살에 추기경에 오르는 벼락출세를 했다. (추기경은 가톨릭교회에서 교황 다음으로 높은 성직이다.) 그러나 체사레는 4년 뒤인 1497년 추기경직에서 물러났다. 알렉산데르 6세는 아들이 성직자가 이니라 자신을 도와줄 수 있는 강력한 정치·군사적인 힘을 갖춘 인물이 되기 바랐다.

한때 남부 이탈리아를 통일할 뻔했으나 아버지인 교황 알렉산데르 6세의 죽음과 함께 몰락한 체사레 보르자. 마키아벨리의 《군주론》에서 이상적인 군주로 묘사되었다.

지금도 그렇지만 르네상스 시기 유럽에서 권력자의 반열에 들기 위해서는 왕가나 귀족 가문과의 결혼이 필수적이었다. 1498년 10월, 체사레 보르자는 프랑스로 가서 국왕 루이 12세를 만나 그에게 발렌티누아Valentinois(발렌시아) 공작 작위를 받고, 나바레(오늘날 스페인 북부에 해당하는 지역에 있었던 작은 왕국) 국왕의 조카딸인 샤를로트 달브레와 결혼했다.

1499년 9월, 체사레는 아내를 프랑스에 남겨둔 채 이탈리아로 돌아왔다. 이후 그는 평생토록 아내를 다시 만나지 않았다. 르네상스 시대 권력자들은 어디까지나 정략적인 이유로 결혼했고, 지금처럼 애정이 섞인 연애결혼을 하지 않았다. 각 나라의 왕이나 귀족들이 정식 아내 이외에 따로 애인을 두는 것은 일종의 관습과 같았다.

이탈리아로 돌아온 체사레는 아버지에 의해 교황청이 거느린 모든 군대를 지휘하는 총사령관에 임명되었다. 그는 1499년부터 1502년까지 교황청 군대를 이끌고 활발한 군사 활동을 벌여 파엔차와 리미니, 우르비노, 시니갈리아 등 이탈리아 동부의 도시들을 점령해나갔다.

군사 활동 중에 체사레는 종종 잔인한 짓을 저질렀다. 1500년 1월 12일, 그는 카테리나 스포르차 리아리오Caterina Sforza Riario 백작부인이 살고 있던 포를리Forli를 공격해서 성을 함락하고, 그녀를

체사르 보르자에게 패배하고 치욕을 당한 스포르차 리아리오. 그녀가 지배하던 시민은 물론 일족의 협력마저 충분히 얻지 못하고 패배한 이유는 13년에 걸친 탄압과 공포 통치 때문이었다.

겁탈하고 말았다. 르네상스 시대 당시의 기준으로 보아도 파렴치한 짓이 아닐 수 없다.

또한 체사레 보르자는 로마냐를 점령한 다음, 일부러 레미로 데 오로코라는 잔인한 인물을 통치자로 파견했다. 레미로는 엄격한 법치로 혼란을 종식하고 평화를 가져다주었다. 레미로의 훌륭한 통치로 로마냐가 안정을 되찾으면서 명성을 얻게 되자 권력이 커지는 것을 질투한 체사레는 1502년 12월 22일에 대리인을 파견해 레미로를 죽이고 그 시체를 광장 한복판에 전시하는 만행을 저지른다. 애초에 자신의 심복에게 맡긴 일을 끔찍하게 마무리하고, 부하를 태연하게 배신하고 죽인 것이다. 누가 보더라도 뻔뻔하고 비열한 짓이었다.

그의 아버지인 알렉산데르 6세는 교황이 되기 전 성직자의 몸으로 수많은 여인과 불륜 관계를 맺었다. 심지어 교황청 안에 수십 명의 창녀를 불러들여 밤새도록 음란한 파티를 벌였다거나, 이탈리아 제일의 미녀라고 불리던 그의 딸 루크레치아와 근친상간을 저질렀다는 소문도 파다했다. 체사레 보르자도 그런 음탕한 호색 행각에 관련되었다는 소문이 떠돌았다. 체사레 본인이 정말로 그랬는지는 확실히 알 수 없으나, 많은 연구가의 주장에 따르면 가능성이 매우 크다고 한다.

마키아벨리가 "통일 이탈리아를 실현할 군주"로 열렬히 찬양했던 체사레 보르자는 1503년, 아버지인 교황 알렉산데르 6세가 사망하면서 몰락하기 시작한다. 체사레는 제법 유능한 인물이었지만, 어디까지나 강력한 후견인이었던 아버지의 후광 덕분에 활동할 수 있었다. 헌데 아버지가 죽고 나자 체사레는 졸지에 끈 떨어진 뒤웅박 신세가 되고 말았다.

더욱이 새로 교황이 된 율리우스 2세는 보르자 가문과 적대적인 관계에 있었다. 그는 이전 교황인 알렉산데르 6세가 체사레 보르자에게 준 로마냐의 영토를 환수할 것이며, 이에 따르지 않으면 체포하여 구금하겠다고 체사레를 협박했다. 결국 체사레는 영토와 군사와 재보를 전부 율리우스 2세에게 넘겨주는 대가로 간신히 체포를 면한 뒤 이탈리아 남부 나폴리로 도망쳤다.

하지만 교황이 바뀐 이상 체사레가 발붙일 땅은 이탈리아에 없었다. 체사레는 장인인 나바레 왕이 있는 스페인으로 건너가 이리저리 떠돌다가, 1507년 비아나 전투에서 스페인 군대를 추격하다 역습을 받아 전사하고 만다. 한때 이탈리아를 통일할 영웅이라고 평가받던 인물의 죽음치고는 너무나 허망했다.

군사적인 면에서는 유능했지만, 포로가 된 귀부인을 능욕하고 명망이 커지는 부하마저 죽여버린 체사레는 근본적으로 음흉하고 비열한 독재자였다. 이런 사람을 훌륭한 군주의 귀감이라고 찬양할 정도로 마키아벨리는 절박했던 것일까?

메디치 가문의
어두운 비밀

마키아벨리가 《군주론》을 바친 대상인 로렌초 데메디치는 르네상스 시기 이탈리아에서 가장 부유하고 영향력이 큰 메디치 가문의

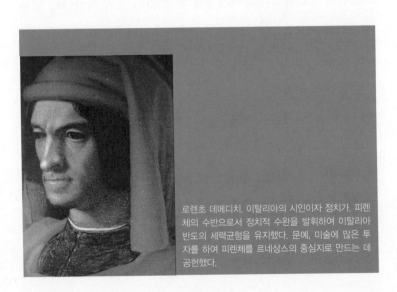

로렌초 데메디치. 이탈리아의 시인이자 정치가. 피렌체의 수반으로서 정치적 수완을 발휘하여 이탈리아 반도의 세력균형을 유지했다. 문예, 미술에 많은 투자를 하여 피렌체를 르네상스의 중심지로 만드는 데 공헌했다.

당주였다. 메디치 가문은 피렌체를 다스렸는데, 그중에서도 로렌초는 1469년부터 1492년 사망할 때까지 가문의 주인이자 피렌체의 통치자로 활동했다.

그는 피렌체로 몰려오는 예술가들에게 후원을 아끼지 않았다. 르네상스 시대 이탈리아 문화, 예술의 발전은 상당 부분 메디치 가문이 담당했다고 해도 과언이 아니다.

로렌초는 당대의 유명한 화가와 조각가 등 예술가들을 초청해 자기 저택에서 살도록 하고 그들이 생계에 구애받지 않고 마음껏 예술 활동을 할 수 있도록 배려했다. 그의 도움을 받은 예술가 중에는 르네상스를 대표하는 천재 거장인 레오나르도 다 빈치를 포함해 〈비너스의 탄생〉을 그린 화가 산드로 보티첼리Sandro Botticelli, 건축가인 줄리아노 다 상갈로Giuliano da Sangallo, 조각가이자 세공사인 안드레아 델 베로키오Andrea del Verrocchio, 〈천지창조〉와 〈최후의 심판〉을 남긴 미켈란젤로 등이 있다. 이 밖에 르네상스 시대 이탈리아 최고의 시인으로 명성이 자자하던 안젤로 폴리치아노Angelo Poliziano도 로렌초의 전폭적인 지원을 받으며 자신의 재능을 발휘했다.

실로 쟁쟁한 당대의 예술가들이 로렌초의 도움을 받으며 예술 활동을 했으나 로렌초의 투자(?)는 공짜나 자선 사업이 아니었다.

이탈리아 르네상스를 대표하는 명화 〈비너스의 탄생〉. 산드로 보티첼리가 로렌초 디 피에르프란 체스코를 위해 그린 것으로 추정한다. 피렌체 우피치미술관이 소장하고 있다.

투자받은 예술가들은 답례 겸 로렌초의 비위를 맞추기 위해 그를 미화한 회화나 조각상 같은 예술품을 만들었다. 그 과정에서 로렌 초는 '예술가들을 후원하는 관대하고 현명한 지도자'라는 훌륭한 이미지를 이탈리아 곳곳에 퍼뜨리는 효과를 거두었다.

또한 로렌초는 피렌체 시민을 대상으로 거대한 규모의 가면무 도회와 며칠 동안 계속되는 호화로운 파티를 열어 사람들의 마음 을 사로잡았다. 그러나 그 뒤편에서는 도시의 재정을 비롯한 모든 권한과 결정권을 차지하는 독재 정치를 펴나가고 있었다.

　로렌초는 로마의 명문 귀족인 오르시니 가문과 혼사를 맺고, 포조아카이아노에 왕들이 사는 궁전보다 더 크고 화려한 규모의 저택을 지었다. 그의 아들과 딸이 각각 오르시니 가문의 딸과 교황의 아들과 결혼을 할 만큼 메디치 가문의 영화는 극에 달했다.

　하지만 로렌초는 어디까지나 자신의 임의대로 도시를 다스리는 시뇨리아, 즉 독재자였다. 도시의 금고는 그의 마음대로 사용되었으며, 그가 휘두르는 권력의 횡포를 아무도 비판하거나 견제하지 못했다. 시민을 대상으로 개최하는 화려한 행사와 예술가들을 후원하는 일도 결국은 권력을 계속 누리기 위해 비판 세력의 눈을 가리는 일종의 위장막이었다.

　1492년 무렵이 되자 그가 누리던 부귀영화에 서서히 끝이 다가왔다. 지나친 사치와 허영 때문에 메디치 가문의 재정이 바닥을 드러내기 시작한 것이다. 메디치 가문이 운영하던 은행들이 자금 부족으로 파산 직전의 위기로 내몰리던 차였다. 1492년 4월 9일, 로렌초는 쇠약해지는 가문을 우려하며 눈을 감았다.

메디치 가문의 후예가
일으킨 종교 대학살

사족이지만, 로렌초 데메디치는 마키아벨리의《군주론》에서 메디치 가문은 이탈리아의 혼란을 종식하고 통일을 이룰 자격이 있다, 그러니 지금 나서야 한다는 아부성 짙은 얘기를 읽었으나 아무런 행동을 취하지 않았다. 이로써 마키아벨리가 피땀 흘려 쓴《군주론》의 헌사는 허공으로 날아가 버린 셈이 되었다.

로렌초 사후 메디치 가문은 로렌초 데메디치 2세Lorenzo Ⅱ de Medici와 그의 아들 피에로Piero가 다스렸으나 로렌초 시대만큼 융성하지 못했다. 메디치 가문은 경쟁자들의 도전 속에서 곤경에 처했다.

1519년, 로렌초 데메디치 2세는 어린 딸인 카트린 드메디시스 Catherine de Méicis를 남기고 죽었다. 그러자 로렌초의 형제인 교황 클레멘스 7세는 가문의 영화를 지키기 위해 1533년에 어린 조카딸인 카트린을 프랑스 왕자인 앙리 2세에게 시집보냈다. 카트린은 앙리 2세(1547~1559)가 프랑스의 왕이 되자 자연히 왕비가 되었다. 남편이 죽은 뒤엔 1574년까지 어린 아들들을 대신하여 프랑스를 다스렸다.

메디치 가문의 전통 탓인지 그녀는 건축과 회화 등 예술 분야에서 손이 큰 후원자였다. 특히 16세기 중반부터 레오나르도 다 빈치 등 이탈리아의 예술가들이 알프스 산맥을 넘어 프랑스로 이주하여 새로운 예술 활동을 벌였을 때, 그들을 적극 지원하여 프랑스의 르네상스 문화를 크게 꽃피우게 했다. 나폴레옹을 포함하여 훗날 프랑스 제왕들이 머무르게 되는 아름다운 튈르리 궁전도 그녀

카트린 드메디시스. 프랑스에 이탈리아의 훌륭한 르네상스 문화를 정착시켰지만, 개신교를 탄압하고 학살하여 오점을 남겼다.

가 직접 설계한 작품이다.

하지만 가톨릭을 신봉하는 이탈리아 출신인 그녀는 불행히도 종교 문제에서 크나큰 오점을 남겼다. 당시 프랑스에서 활동하고 있던 신교도인 위그노들과 가톨릭교도 간의 세력 다툼이 자주 벌어졌는데, 그녀는 가톨릭교도를 옹호하며 위그노들을 무자비하게 탄압했다.

1572년 8월 18일, 프랑스의 수도 파리에서는 카트린의 딸인 마르그리트 드발루아가 위그노 교도인 앙리 4세와 결혼식을 치렀다. 이때 전국 각지에서 수많은 하객이 몰려왔는데 그중 상당수는 위그노였다. 그런데 때마침 가톨릭교도 하객과 위그노교도 하객 간에 사소한 시비가 붙어 결투를 벌이다 위그노 하객이 사망하는 사건이 벌어졌다. 이 사건이 불거지면 가톨릭과 위그노 간에 큰 싸움이 일어날 것은 자명한 일이었다.

열렬한 가톨릭 신자였던 카트린은 이 일을 계기로 위그노 세력을 프랑스 전역에서 말살할 계획을 세운다. 8월 24일 새벽, 파리 시내의 성당에서 울리는 종을 신호로 파리 시내에 있는 모든 위그노교도를 죽이도록 명령했다. 이로써 1572년 8월 24일, 성바르톨로뮤 축일의 학살Massacre of Saint Bartholomew's Day로 불리는 끔찍한 살육이 시작되었다. 파리 시내에서만 3000명이나 되는 위그노교도가 무참하게 죽음을 당했다. 한번 시작된 학살은 파리뿐 아니라 프랑스 전역으로 번져 나갔다. 위그노들이 사는 거주 지역이 가톨릭교도에게 습격당했고, 위그노들은 재물을 약탈당하고 목숨마저 빼앗겼다. 잔인한 피의 잔치는 두 달 동안이나 계속되었다. 이 끔찍한 살육의 현장에서 죽은 사람의 수가 최대 7만 명이나 된다고 한다.

성바르톨로뮤 축일의 학살을 계기로 프랑스 전역에서는 가톨릭과 위그노 간의 종교적 대립이 격화되었다. 이로써 프랑스는 1618년부터 시작된 독일의 30년 전쟁에 못지않을 만큼 사회적인 혼란에 빠졌다. 가톨릭으로 개종하고 왕위에 오른 앙리 4세가 1598년 4월 13일, 개인이 가진 종교의 자유를 인정하는 낭트칙령을 발표하여 어느 정도 일단락되는 듯했다.

그러나 태양왕이라 불리던 루이 14세는 1685년 10월 18일, 낭트칙령을 전면 폐지함으로써 다시 종교 대립의 불씨를 키웠다. 이를 우려한 프랑스 내 위그노교도 30만 명이 영국과 네덜란드로 도망쳤다. 이들은 대부분 세공업과 금융업 분야에서 뛰어난 능력을 발휘한 인재였다. 결국 낭트칙령 폐지로 말미암아 프랑스는 경쟁국인 영국에 엄청난 이익을 안겨준 반면 자국 산업의 위기를 자초했다. 넓게 본다면 무자비한 종교 탄압으로 프랑스의 쇠퇴를 초래한 장본인은 바로 카트린 드메디시스라 할 수 있다.

르네상스 시절, 가장 참혹한 종교 분쟁이 프랑스에서 일어났다. 그 일을 벌인 주인공은 아이러니하게도 예술과 문화의 후원자를 자처하던 메디치 가문의 딸, 카트린이었다. 예술을 둘러싼 수많은 인명의 죽음을 외면한 채 르네상스를 가리켜 단순히 예술 부흥의 시대로 생각한다면, 이는 너무나 큰 역사적인 무지가 아닐까.

2

약탈

이탈리아의 르네상스에 대타격을 가한 놀라운 사건

RENAISSANCE

1527년 5월 8일, 파르미자니노Parmigianino와 미켈란젤로 Michelangelo 같은 걸출한 예술가들이 활동하던 르네상스의 중심지인 이탈리아 로마에서 끔찍한 사건이 발생한다. 2만 명의 군대가 로마로 쳐들어와 무려 9개월간 도시 전체를 무자비하게 살육하고 약탈한 것이다. 도대체 누가 이런 만행을 저질렀을까?

　로마를 유린한 주인공은 놀랍게도 기독교를 원수처럼 미워하던 이슬람 세력인 오스만제국이나 바르바리 해적단이 아니라 독실한 기독교도였던 황제 카를 5세가 보낸 신성로마제국 군대였다. 가톨릭의 보호자로 자처하던 카를 5세가 대체 무슨 이유로 로마를 공격하여 무자비하게 파괴했던 것일까?

16세기 초 유럽 최강의 군주였던 카를 5세. 그는 신성로마제국의 황제인 동시에 스페인의 국왕이기도 했다. 하나의 가문이 여러 나라의 지배권을 장악하는 일은 유럽 역사에서 매우 흔했다.

'로마의 약탈'이
벌어지게 된 배경

기독교의 성지이자 르네상스의 중심지인 로마가 기독교 군대에 짓밟힌 이 아이러니하고 잔인한 사건은 당시 유럽의 정세를 둘러싸고 합스부르크 왕가와 프랑스 부르봉 왕가와 교황청이 벌이던 힘겨루기에서 비롯했다.

16세기 초, 합스부르크 왕가의 세력은 절정에 달했다. 신성로마제국(독일)과 오스트리아에 이어 스페인의 왕위도 합스부르크 왕가가 차지했다. 덧붙여 남부 이탈리아와 시칠리아, 사르데냐, 네덜란드, 체코와 제노바까지 합스부르크 왕가가 다스렸다.

하나의 왕가가 여러 나라를 동시에 다스리는 모습이 이상하게 생각될지 모르나 2000년 전부터 중앙집권제가 도입된 동양과는 달리 유럽은 19세기 이전까지 귀족들이 제각기 거느린 영지를 지배하는 지방분권적 봉건제로 운영되던 상황이었다. 오스트리아의 합스부르크 왕가나 프랑스의 부르봉 왕가, 잉글랜드의 튜더 왕가

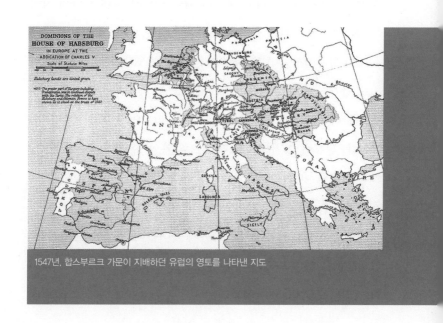

1547년, 합스부르크 가문이 지배하던 유럽의 영토를 나타낸 지도

등 한 왕가가 다른 왕가나 귀족 가문과 결혼하면 남편이나 아들 쪽이 두 가문이 다스리는 땅을 모두 유산으로 물려받아 통치하는 식이었다.

특히 합스부르크 왕가는 결혼으로 맺는 동맹으로 영토를 늘리는 일에 능숙했다. 그래서 많은 역사가가 합스부르크 왕가를 '결혼 제국'이라고 부르기도 한다. 여기에 1521년 스페인 원정대 사령관인 코르테스가 멕시코에 있던 아즈텍제국을 멸망시킨 사건으로 합스부르크 왕가의 위세는 한층 강화되었다. 스페인 군대가 아즈텍제국을 점령함으로써 신대륙의 넓은 영토와 막대한 양의 황금이 합스부르크 왕가 소유가 되었기 때문이다.

이런 상황에서 합스부르크 왕가의 경쟁자였던 프랑스의 발루아 Valois 왕가는 궁지에 몰렸다. 서쪽으로는 스페인, 동쪽으로는 신성로마제국과 제노바까지 모두 적으로 둘러싸인 처지에 놓이고 만 것이다. 발루아 왕가는 합스부르크 왕가의 압박이라는 절체절명의 위기에서 벗어나기 위해 국내외의 비난을 무릅쓰고 이슬람 국가인 오스만제국과 동맹을 맺었다.

그러나 이교도인 오스만제국까지 끌어들여 합스부르크 왕가를 견제하려고 했던 발루아 왕가는 1525년 2월 24일 북부 이탈리아의 파비아에서 벌어진 일대 격전에서 합스부르크 왕가 출신의 신성로마제국 황제 카를 5세에게 참패하고 만다. 프랑스 국왕 프랑수아 1세가 포로로 잡힐 정도로 치명적인 패배였다.

스페인 마드리드로 끌려간 프랑수아 1세는 신성로마제국과 국경을 접한 아르투아 지역과 이탈리아 북부 및 플랑드르(벨기에)를 합스부르크 왕가에게 넘겨준다는 내용의 마드리드 조약을 체결하고 1526년 1월 14일 프랑스로 돌아왔다. 그러나 약속을 지킬 마음은 애초에 없었다.

파비아 전투를 묘사한 그림

로마 교황 클레멘스 7세. 지나치게 강력
해진 합스부르크 왕가를 견제하기 위해
프랑스의 프랑수아 1세와 동맹을 맺었으
나 분노한 카를 5세가 보낸 군대에 의해
죽음의 위험을 간신히 모면했다.

귀국한 프랑수아 1세는 자존심에 상처를 입힌 카를 5세에게 어
떻게든 복수하겠다는 일념으로 불타고 있었다. 그는 오스만제국
을 대신할 새로운 동맹 세력을 찾는데 골몰한 끝에 카를 5세에 맞
서기 위해 '코냑동맹the League of Cognac'을 결성하기에 이른다. 이
모임에는 프랑스, 잉글랜드, 밀라노 공국, 베니스, 피렌체 공화국,
그리고 놀랍게도 로마 교황인 클레멘스 7세도 가담했다.

파비아 전투에서 참패한 프랑스는 그렇다 치더라도 잉글랜드
에 베니스와 밀라노 같은 이탈리아 도시국가와 교황청이 어째서

프랑스와 함께 대對합스부르크 동맹에 참가했을까? 신성로마제국 황제 카를 5세는 '가톨릭의 수호자'로 자처할 만큼 독실한 로마 가톨릭교도였고, 이교도 이슬람제국인 오스만에 맞서 유럽을 지켜내는 전쟁을 치르고 있었는데 어째서 가톨릭의 최고 수장인 로마 교황이 그를 편들지 않고 그에 맞서는 프랑스 국왕과 손을 잡았을까?

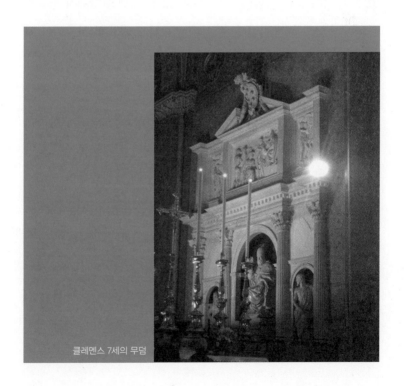

클레멘스 7세의 무덤

중세 이후 유럽의
패권 다툼

여기에는 서기 962년 신성로마제국이 성립된 이래 유럽의 패권을 놓고 신성로마제국의 황제와 로마 교황 간에 벌인 힘겨루기라는 배경이 숨어 있다. 중세 이후 유럽 국가에서 가톨릭은 국교나 다름 없었고, 거의 모든 사람이 가톨릭교도였다. 이런 상황에서 최고의 권력자는 로마 교황이었다. 왕이나 귀족들도 가톨릭 신자여서 자연히 그들을 상대하고 관리하는 로마 교황의 입김이 거셀 수밖에 없었다.

그러나 독일의 오토 대제가 962년 신성로마제국을 창건하면서 상황이 바뀌었다. 로마 교황에 맞서는 강력한 권력자로 신성로마제국 황제가 등장했기 때문이었다. 세속의 최고 권력자인 신성로마제국 황제와 종교의 지도자인 로마 교황은 유럽의 주도권을 잡기 위해 힘겨루기를 벌였다. 대표적인 사례가 1077년 1월에 발생한 '카노사의 굴욕' 사건이었다. 성직자의 임명권을 누가 가질 것인지를 놓고 황제와 교황이 벌인 싸움에서 신성로마제국 황제의 가톨릭 신자권을 박탈한 로마 교황 그레고리우스 7세가 승리한 것이다. 이로써 신성로마제국 황제인 하인리히 4세는 사흘 동안 누더기 옷을 입은 채 눈밭에 맨발로 서서 교황에게 용서를 비는 수모를 겪어야 했다.

가톨릭교회에서 추방하는 파문은 중세 유럽인들에겐 치명적이었다. 가톨릭이 사회 전반을 장악하고 있던 중세 시대에 한 개인에

중세 교황권의 절정을 보여준 상징적 사건인 카노사의 굴욕

1377년 아비뇽에서 풀려나 로마로 돌아오는 교황 그레고리 11세를 맞이하는 로마 시민의 모습. 아비뇽 유수는 로마 교황권의 쇠락을 상징하는 사건이었다.

게 파문이 내려지면 가톨릭교회는 물론이고 사회 전체에서 내쫓김을 당하는 것이나 마찬가지였다. 왕이나 귀족이 파문되면 가톨릭 신자가 아니니 자연히 다른 가톨릭 신자를 지배할 권리를 잃게 되고 다른 권력자들의 침략으로부터 보호받을 자격도 없었다.

절정에 달한 교황권을 상징하는 사례는 십자군 전쟁이었다. 유럽의 가톨릭 왕과 귀족 및 백성으로 하여금 십자가의 깃발 아래 뭉

치도록 이슬람 세력에 맞설 군대를 주창한 장본인은 바로 로마 교황이었다. 그런 이유로 14세기 페르시아의 역사가 라시드도 유럽 최고의 권력자는 프랑스 왕이나 신성로마제국 황제가 아닌 로마 교황이라고 기술할 정도였다.

하지만 로마 교황이 야심차게 추진한 십자군 전쟁은 1291년 이집트 맘루크 왕조가 중동에 마지막으로 남아 있던 도시 아크레를 함락함으로써 실패로 끝난다. 그와 동시에 로마 교황의 권위도 추락했다.

1303년, 프랑스 국왕 필립 4세를 파문하려 했던 로마 교황 보니파시오 8세Bonifatius VIII는 오히려 프랑스 군대의 압력에 밀려 실패했고, 그의 뒤를 이어 교황에 오른 클레멘스 5세Clemens V는 1309년 프랑스 군사들에게 체포되어 강제로 프랑스 남부인 아비뇽으로 끌려갔다. 교황을 따라 교황청도 아비뇽으로 옮겨 갔으니, 이를 아비뇽 유수(1309~1377)라고 부르는데, 세속의 권력이 드디어 종교계의 힘을 압도할 정도로 성장했음을 보여주는 사건이었다.

아비뇽 유수가 끝나고도 한동안 교황권은 매우 취약한 상태였다. 이탈리아의 메디치 가문 같은 부유한 귀족들은 자기들끼리 교황의 자리를 마음대로 주물렀고, 교황은 그들의 요구를 그대로 따르는 꼭두각시 신세로 전락해버렸던 것이다.

이런 상황에서 16세기 초, 합스부르크 가문이 신성로마제국 황제와 스페인 국왕과 이탈리아 남부의 지배권까지 장악하자 로마 교황청은 크나큰 위기의식을 느꼈다. 합스부르크 가문으로 대표되는 세속 권력이 팽창하도록 방관한다면 가뜩이나 취약한 교황청이 내몰릴지 모른다는 두려움을 느낀 것이다. 로마 교황이 가톨릭의 수호자를 자처한 카를 5세와 적대관계에 있던 프랑스 국왕과 손을 잡은 배경에는 이런 속사정이 작용했다.

한편 코냑동맹이 성립되었다는 소식을 들은 카를 5세는 격노했다. 마드리드 조약에서 프랑수아 1세가 양도하기로 약속한 땅을 받지 못하고 있던 판국에 자신에게 대항하는 세력이 뭉친다는 건 크나큰 악재였다.

한 명을 죽여 백 명을 징계한다는 말처럼, 카를 5세는 본보기로 코냑동맹의 구성원 중 하나를 골라 응징하여 다른 동맹국에 경고를 보낼 필요성을 느꼈다. 과연 어디가 좋을까? 코냑동맹의 주동자라고 할 수 있는 프랑스의 프랑수아 1세는 파비아 전투의 여파로 방비를 튼튼히 하고 있어 선뜻 공격하기 어렵다. 잉글랜드는 북쪽에 치우쳐 있어서 너무 멀고, 프랑스와 오스만제국과 대치하고 있는 병력을 빼내는 건 무리다. 베네치아는 석호 위에 세워진 지리적인 특성상 육로로 접근할 수 없어 바다로 가야 하는데다 베네치아 해군은 유럽 최강의 전력을 보유하고 있다. 밀라노나 플로렌스 공화국은 상대하기 적당하지만 세력이 작아 밟아봤자 다른 나라에 징계의 메시지를 보이지 못한다.

고심하던 카를 5세는 결국 로마교황청을 지목했다. 자신이 가톨릭의 수호자로 불릴 만큼 오스만제국의 침략에 맞서 유럽을 지키고자 온갖 노력을 기울이고 있는데도 교황청은 도리어 적국 프랑스를 편들었다는 사실이 무척 괘씸했다. 이번 기회에 모든 가톨릭교도의 정신적인 지주인 교황이 신성로마제국의 황제이자 합스부르크 가문의 주인인 자신에게 굴복하는 모습을 보인다면, 코냑동맹뿐 아니라 전 유럽의 왕족과 귀족이 한층 자신을 두려워하며 복종하게 되리라고 판단했다. 게다가 교황청을 지키는 병력이 고작 5000명 내외의 빈약한 병사뿐이라는 사실도 그의 부담을 가볍게 해주었다.

참혹한
약탈의 현장

1527년 4월 20일, 카를 5세의 명령을 받고 신성로마제국 영지에

란츠크네히트 용병들의 모습.
16세기 유럽 사회에서 유명한
용병 가운데 하나였다. 주로
신성로마제국에서 이들을 고
용했다.

소집된 3만 4000명의 군사와 스페인에서 온 병사 6000명과 유럽 전역에 용맹함으로 명성을 떨치던 란츠크네히트Landsknecht(자신의 나라lands에서 모집되어 황제에게 봉사하는knecht 자들이라는 의미. 16~17세기에 스위스인을 공포에 떨게 한 독일 용병을 지칭하는 말이다. 이들은 매우 화려한 차림을 하는 것으로 유명하여 복식사에서는 용병복傭兵服 또는 용병 스타일을 지칭하기도 한다. 프랑스, 독일, 스페인이 참가한 이탈리아 전쟁에서 크게 활약했다) 용병 1만 4000명 등 총 5만 4000명의 군대가 로마를 목표로 진격했다.

여기서 란츠크네히트 용병에 관해 잠시 언급할 필요성이 있다. 그들은 스와비아Swabia와 라인 지방Rhineland 등지의 독일 출신이었다. 란츠크네히트 용병은 5미터에 이르는 장창인 파이크pike를 주요 무기로 사용하며, 밀집 진형을 구축하는 전술을 구사했다. 그중 일부는 1.8미터 길이의 무거운 양손검 츠바이헌더Zweihander를 휘둘러 적의 보병이 들고 있는 장창을 부러뜨리고 전열을 깨뜨리는 목적으로 투입되었다. 16세기 대부분의 유럽 군사가 적을 포로로 잡아 몸값을 받아내는 일에 주력한 데 반해 란츠크네히트 용병은 적을 잡으면 무조건 죽여버리는 잔인함으로 악명이 높았다.

합스부르크 가문의 군대는 이탈리아에 주둔해 있던 프랑스 육군을 격파했으나 군인들에게 줄 급료가 바닥나버렸다. 돈을 받지 못하자 3만 4000명에 달하는 신성로마제국 병사들은 로마로 향하라는 카를 5세의 지시를 거부하고 탈영해버렸다.

절반 이상의 병사가 빠져나가자 군대의 총사령관을 맡고 있던 샤를 3세 부르봉 공작Charles III: Duke of Bourbon은 당황했다. 이대로 가만히 있다가는 전체가 탈영한다고 해도 막을 방법이 없었다. 더구나 황제 카를 5세가 내린 로마 공격을 여기서 중단할 수도 없는 노릇이었다. 궁여지책으로 샤를 3세는 임금을 받지 못해 분노하고 있던 병사들의 마음을 휘어잡기 위한 방편으로 "로마를 점령하면 마음껏 약탈할 수 있게 해주겠다"는 조건을 내걸었다.

노략질을 염두에 두고 2만 명의 군대가 로마로 행군하는 사이에도 임금을 받지 못한 병사들이 계속 탈주했다. 그와 동시에 수많은 산적과 강도가 군대에 합류했다. 르네상스의 중심지이자 1000년 넘게 가톨릭교도의 성지였던 로마에서 금은보화를 약탈하여 한몫 단단히 챙기려는 기대를 품고서 말이다.

카를 5세가 보낸 원정군이 로마로 진격한다는 소식을 듣고 놀란 클레멘스 7세는 6만 두카토ducat의 금화(대략 금 210톤)를 샤를 3세 공작에게 보내어 침략을 무마하려 했다. 그러나 불행히도 금화를 보내는 도중 도둑들에게 몽땅 도난당하는 바람에 샤를 3세에게 전하지 못했다.

밀집한 보병들이 고슴도치 가시처럼 촘촘히 장창을 들고 싸우는 방진 전투를 묘사한 그림. 유럽 최강의 용병으로 명성이 높았던 스위스 용병은 이런 방진 전투에 능숙했다.

1527년 5월 5일, 합스부르크 군대는 로마 시 외곽인 비테르보Viterbo와 론치리오네Ronciglione를 점령했다. 당시 로마를 지키는 부대는 5000명의 민병대와 500명의 스위스 용병부대 뿐이었다. 당시 스위스 용병부대는 5미터나 되는 장창을 이용한 밀집 전술과 엄격한 군기로 16세기 초 유럽 최강의 군대로 명성이 높았다. 하지만 침략군에 비하면 수적으로 워낙 열세여서 교황 클레멘스 7세와 교황청 사람들은 못내 불안하기만 했다.

그런데 다음 날인 5월 6일, 예기치 못한 돌발 상황이 발생했다. 합스부르크 군대에 소속된 란츠크네히트 용병부대가 바티칸 언덕을 둘러싼 성벽을 공격하던 도중 지휘를 맡고 있던 카를 공작이 교황청 수비군의 저격(조총인지 석궁인지 정확하지 않다)을 받고 전사하고 말았다. 카를 공작을 사살한 장본인은 피렌체 출신의 화가이자 조각가인 벤베누토 첼리니Benvenuto Cellini였다. 그는 로마에서 예술 활동을 하다 자신이 머무는 곳이 합스부르크 군대의 침략을 받자 교황을 지키기 위해서 군인으로 복무하고 있었다.

적군의 총사령관이 사살되었다는 소식을 듣고 교황 클레멘스 7세와 교황청 인사들은 전쟁이 끝난 줄 알고 환호했으나 그들의 바람은 이루어지지 않았다. 카를 공작의 죽음에도 2만 명의 합스부르크 군대는 물러가지 않았다. 로마를 코앞에 두고 등을 돌린다면 그들은 한 푼의 돈도 받지 못한 채 빈털터리 신세로 전락할 게 뻔하기 때문이었다.

전사한 카를 공작을 이어 샤롱의 필리벳Philibert of Chalon 오렌지 왕자prince of Orange가 합스부르크 군대의 지휘권을 맡았다. 5월 8일, 스페인 군사와 란츠크네히트 용병부대는 허약한 민병들로 이루어진 방어선을 뚫고 드디어 로마에 입성했다. 민병과 스위스 용병들이 최후까지 저지하려 했으나 수적으로 워낙 열세인데다 노략질로 밀린 임금을 충당하려는 합스부르크 군사들의 열망을 당해낼 수는 없었다.

로마에 들어선 합스부르크 군사들은 고삐 풀린 망아지처럼 도시를 휘젓고 다니며 미친 듯이 살육과 약탈에 몰두했다. 침략자들로부터 교황을 지키기 위해 분투하던 스위스 용병 189명 중 142명이 살해되었다. 클레멘스 7세는 산탄젤로Sant' Angelo 요새로 황급

로마의 산탄젤로 요새. 원래 로마 황제들의 무덤이었으나 중세에 들어 군사 요새로 개조하여 사용되었다.

1527년 로마의 약탈 모습을 그린 기록화

히 피신해 겨우 목숨을 건질 수 있었지만, 다른 쪽은 그렇지 못했다. 용병들은 시내의 모든 교회와 수도원, 교황이 머물던 궁전마저 남김없이 약탈한 다음 불태워버렸다. 가톨릭교회에서 교황 다음 가는 위치에 있던 추기경들조차 돈과 피에 굶주린 용병들한테서

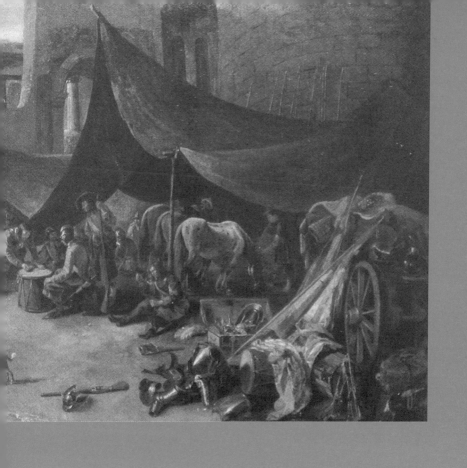

생명을 구하기 위해 가진 재산을 전부 털어주어야 했다.

　그들의 만행을 직접 목격한 한 역사가는 "인간성을 잃은 무리가 마치 짐승처럼 무자비하게 날뛰었다"고 기록했다. 그중에서 유독 로마 시를 잔인하게 유린한 주역은 합스부르크 군대에 소속된 란

츠크네히트 용병들이었다. 이들은 대부분 독일 출신으로 종교개
혁을 주창한 마르틴 루터를 신봉하는 개신교도였다. 마르틴 루터
는 가톨릭교회의 부패를 비판하는 95개조 반박문을 쓴 것을 시작
으로 가톨릭교회를 맹렬히 탄핵한 인물이었다. 그는 로마 교황이
예술가들을 후원하며 고대 그리스와 로마의 조각과 회화 기법을
도입하는 르네상스를 추구하는 모습을 가리켜 "가톨릭교회는 신
도에게 면죄부를 발행해 모은 돈으로 성경의 가르침에 위배되는
추잡한 우상들을 만들어 숭배하고 있다!"고 성토했다. 심지어 그는
로마 교황이 세상을 죄짓게 하여 지옥으로 이끄는 사악한 '적그리
스도'라는 극언까지 퍼부었다.

그런 이유로 란츠크네히트 용병들로서는 가톨릭교회의 중심지
인 로마를 치러 간다는 말을 들었을 때 단순한 약탈욕만이 아니
라 가톨릭교회를 향한 증오심도 연동되었다. 마침내 로마에 입성
했을 때 그들의 눈앞에 펼쳐진 장면은 충격적이었다. 사람의 알
몸을 적나라하게 드러낸 흉측한 조각상과 그림이 도시 곳곳마다
넘쳐났기 때문이다. 심지어 하느님을 모시는 성당에도 그런 식의
장식물이 건물의 안과 밖을 뒤덮고 있었다. 루터의 말이 맞았던
것이다.

란츠크네히트 용병들은 성당, 수도원, 궁전에 있는 조각상과 그

림을 보는 족족 부숴버리거나 불태워버렸다. 예배소를 장식하고 있던 장식물들도 파괴했다. 물론 그 전에 성당과 궁전을 장식한 황금과 보석들을 떼어내 챙기는 일은 잊지 않았다. 심지어 그들은 예수 그리스도의 첫째 제자이자 교황의 시조라 할 수 있는 성베드로의 유골이 있는 무덤을 포함하여 12사도와 성자들의 무덤마저 아랑곳하지 않고 박살 내버렸다.

그러면서 그들은 성경에 나오는 음탕하고 타락한 도시 바빌론을 정복해 악의 잔재를 쓸어버리고 있다는 숭고한 사명감을 느꼈다. 이런 점에서 1527년 로마를 공격한 란츠크네히트 용병들은 20세기 중엽 중국의 홍위병들과 비슷했다.

산탄젤로 성에 포로나 다름없는 신세로 갇혀 있던 교황 클레멘스 7세는 1527년 6월 6일, 오렌지 왕자에게 사자를 보내 40만 두카토의 몸값을 낼 테니 신성로마제국 황제 카를 5세에게 항복하겠다고 제안해왔다.

교황이 항복했음에도 로마를 휩쓰는 살육과 학살의 불길은 사그라지지 않았다. 도시 곳곳에서 벌어지는 잔인한 참상에 경악한 오렌지 왕자는 참사회soldiers council를 열어 병사들에게 약탈을 멈추라고 지시했으나 명령에 따르는 이는 아무도 없었다. 모두 노략질에 눈이 멀어 군율 따위는 내팽개친 것이다.

참혹한 유혈은 9개월 동안이나 이어졌다. 용병들의 창칼에 죽음을 당한 사람이 무려 4만 5000명에 달했다. 당시 로마에 살던 사람의 절반에 해당하는 수였다. 그중에는 일반 시민은 물론 부유한 상인이나 귀족과 추기경도 포함되어 있었다. 길거리와 골목에 매장되지 않은 시체가 넘쳐 전염병도 돌았다. 도시가 군인들에 의해 봉쇄되어 있어서 식료품 가격이 천정부지로 치솟았다. 돈이 없는 사람들은 굶주림에 시달렸다. 그동안 용병들이 로마 시에서 약탈한 금액은 무려 1000만 두카토에 달한 것으로 추정한다.

1528년 2월, 노략질을 끝낸 용병들이 로마를 떠났으나 그들의 뒤에 남은 로마는 차마 눈뜨고 볼 수 없을 만큼 처참한 폐허로 변해 있었다.

로마의 약탈이 르네상스에 끼친 영향

서구의 많은 역사학자는 1527년에서 1528년까지 벌어진 로마의 약탈로 두 가지 중대한 변화가 일어났다고 주장한다. 하나는 이탈리아의 르네상스가 치명적인 타격을 입었다는 것이고, 또 하나는

유럽 전역에서 가톨릭과 개신교 간의 종교 갈등이 본격화했다는
점이다.

우선 많은 예술가를 후원하던 로마교황청이 약탈로 초토화되는
바람에 예전처럼 예술가를 원조하기 어려워졌다. 로마교황청의
피해를 복구하는 데 자금과 인력을 우선적으로 투입해야 했기 때
문이다. 그래서 로마의 많은 예술가가 베네치아나 프랑스 등지로
새로운 후원자를 찾아 떠나야 했다.

또한 로마의 약탈로 로마와 이탈리아 전역에는 고대 그리스 로
마의 고전 예술보다는 기독교적인 심판과 율법을 소재로 한 새로
운 문화 풍조가 싹텄다. 로마가 기독교 군대에 파괴된 것은 교황을

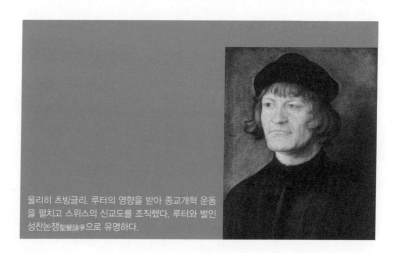

울리히 츠빙글리. 루터의 영향을 받아 종교개혁 운동
을 펼치고 스위스의 신교도를 조직했다. 루터와 벌인
성찬논쟁聖餐論爭으로 유명하다.

비롯한 이탈리아인들이 향락과 방탕한 생활을 즐겼기 때문에 내린 천벌이라는 여론이 힘을 얻었다.

무엇보다 중요한 사실은 로마의 약탈이 낳은 종교적인 파장이었다. 우선 로마가 합스부르크 가문의 군대에 의해 9개월간 점령당하고 교황이 감금된 상태에서 결국 항복했다는 사실은 가톨릭교회의 위신을 크게 떨어뜨렸다. 이로써 유럽 각지에서 가톨릭교회에 대한 반발이 격렬하게 일어났다.

1531년 스위스에서는 가톨릭을 부정하고 새로운 개신교 신앙을 외친 종교개혁가 울리히 츠빙글리가 봉기하여 카를 5세가 보낸 신성로마제국 군대와 카펠 전쟁Kappel Wars을 벌이다 전사했다.

1534년 잉글랜드의 국왕 헨리 8세는 로마 가톨릭에서 벗어나 새로운 교회인 성공회聖公會, Church of England를 창설했다. 비슷한 시기에 잉글랜드의 북부 스코틀랜드에서도 가톨릭 대신 장로교가 들어섰다. 영국 전체에서 가톨릭이 차례로 퇴출된 것이다. 네덜란드에서는 장 칼뱅Jean Calvin이 주창하는 청교도가 가톨릭을 내몰고 사회를 주도하는 새로운 세력으로 자리 잡았다.

한편 개신교를 믿는 독일의 란츠크네히트 용병들이 가톨릭의 총본산인 로마를 무자비하게 약탈하고 파괴했다는 사실이 알려지면서 유럽의 가톨릭 신자들은 적개심에 휩싸였다. 그에 맞서 개신

16세기 말, 유럽에서 벌어진 가장 참혹한 종교 분쟁인 성바르톨로뮤의 학살. 프랑스의 거의 모든 개신교도가 가톨릭교도에게 무참히 살육당했다.

교도가 사악한 우상숭배를 하던 악의 도성 바빌론과 다름없는 로마를 응징했다며 반박하고 나서자 종교 갈등은 더욱 극심해졌다.

로마의 약탈이 끝난 지 1년 뒤인 1529년부터 신성로마제국 안에서는 가톨릭을 믿는 귀족들과 개신교를 믿는 귀족들 간의 충돌이 격화되었다. 1529년 신성로마제국 황제 카를 5세가 루터를 범죄자로 정죄하는 내용을 담은 보름스 칙령을 발표하여 개신교 탄압의 의사를 밝히자, 2년 뒤인 1531년에는 개신교를 믿는 신성로마제국의 귀족들이 가톨릭 귀족들과 황제 카를 5세의 침략으로부터 서로를 보호하기 위해 슈말칼덴 동맹Schmalkaldischer Bund을 체결한다.

가톨릭과 개신교의 갈등과 충돌이 가장 극심하게 빚어진 사건은 바로 '성바르톨로뮤 축일의 학살'이었다. 1572년 8월 22일, 프랑스 전역에서 7만 명에 달하는 신교도인 위그노가 남녀노소 할 것 없이 가톨릭교도에 의해 참혹하게 살육되었다.

이러한 종교적 대립의 결정판은 1618년부터 시작되어 자그마치 30년간 유럽의 모든 국가가 가톨릭과 개신교로 나뉘어 끔찍한 살육전을 벌인 '30년 전쟁'이었다. 1527년 벌어진 로마의 약탈이 몰고 온 파장은 이후 100년 동안이나 계속되어 유럽의 역사를 크게 뒤흔들었다.

3

해적

유럽인을 공포에 떨게 한 이슬람 해적단

RENAISSANCE

여러분은 르네상스 시대의 해적이라고 하면 어떤 이미지를 머릿속에 떠올리는가? 역사에 밝은 사람이라면 해적 출신으로 스페인 무적함대를 격파한 영국의 드레이크 제독을 떠올릴지 모르겠다. 서인도 제도나 신대륙에서 활약하던 스페인, 포르투갈, 영국, 네덜란드, 프랑스의 사략선私掠船(국왕으로부터 허락을 받아 개인이 무장시킨 선박)을 꼽는 사람도 있을 것 같다.

그렇다면 유럽의 턱 밑이라고 할 수 있는 북아프리카에 근거지를 두고 이탈리아와 스페인 등을 상대로 무자비하게 노략질을 저지른 해적, 그것도 무슬림(이슬람교도)으로 구성된 집단이 자그마치 300년이 넘게 활동했다는 사실을 믿을 수 있겠는가?

여기서는 많은 이가 잘 알지 못하는 르네상스 시기의 끔찍하고 비인간적인 피의 역사를 밝혀보려 한다.

바르바리 해적단

르네상스가 절정을 이루던 16세기 이탈리아는 결코 편안하거나
안락한 지역이 아니었다. 이탈리아 서부와 남부 해안 지대는 북아
프리카에서 건너온 바르바리 해적단이 살육과 약탈을 일삼던 곳
이었다. 스페인 연안 지역도 바르바리 해적단의 침략이 잦은 곳이
었다. 하지만 바르바리 해적단으로부터 집중적인 공격을 당해 피
해가 가장 극심한 지역은 역시 다름 아닌 이탈리아였다.

바르바리 해적단은 지금의 모로코, 알제리, 튀니지, 리비아 같
은 북아프리카의 항구도시를 근거지로 삼아 활동했다. 이들은
1512년에 처음으로 조직되었는데, 공교롭게도 이탈리아에서 예술
가들이 교황과 메디치 가문의 후원을 받으며 훌륭한 예술작품을
남기던 때였다.

아이러니하게도 북아프리카에 해적단이 생기게 한 장본인은 서
구인들이었다. 이베리아 반도 남부 끝에서 간신히 명맥을 유지하
던 이슬람 국가인 그라나다 왕국이 1492년 스페인 군대에 의해 멸

망한다. 이때 수많은 무슬림이 북아프리카로 도망쳐왔다.

스페인 왕실은 자국 내에 이교도인 무슬림이 대규모로 분포하는 상황을 국가 안보에 위협적인 문제라고 판단해 무슬림 추방에 열을 올렸다. 그런데 바로 그런 조처가 스페인은 물론 다른 유럽 국가에도 크나큰 위협이 되는 싹을 틔우고 말았다.

자신들을 고향에서 쫓아낸 스페인과 기독교도들에게 분노와 증오심을 품고 있던 무슬림 난민들은 멀리 동방에서 온 오스만 출신의 오루크Oruc와 히지르Hizir라는 해적 형제를 중심으로 북아프리카 해안 지역에 정착한다. 두 형제의 지도에 따라 무슬림 난민들은 배를 건조하고 항구를 만들면서 항해술을 익혀나갔다. 이들은 곧 유럽의 기독교도를 향한 복수와 더불어 삶에 필요한 재화를 얻기 위한 목적으로 바다에서 노략질을 일삼는 해적이 되었다.

서부 지중해를 휩쓴
해적단의 활동

유럽인들은 북아프리카의 이슬람 해적들을 바르바리Barbary 해적이라고 불렀다. 알제리와 튀니지의 해안 지대에 옛날 로마 시대 유목민인 베르베르Berber족이 살았다고 해서 붙인 이름이었다.

바르바리 해적단은 1512년부터 활동을 개시했다. 처음에는 남부 유럽과 북아프리카를 오가는 이탈리아의 상선들을 덮쳐 물건과 배를 빼앗고, 승무원들을 붙잡아 노예로 팔아넘기는 수준에 머물렀다.

그러다 1518년, 스페인 군대와 치른 전투에서 죽은 형을 이어 해적의 총수가 된 히지르가 오스만제국과 손을 잡자 상황은 달라

바르바리 해적단의 두목인 히지르. 오스만제국의 술탄, 셀림 1세는 그에게 정의와 은총이란 뜻의 '하이레딘 Hayreddin'이라는 칭호를 내려주었다. 히지르는 '붉은 수염'이라는 뜻의 '바르바로사'와 셀림 1세로부터 받은 칭호를 합쳐 '바르바로사 하이레딘'으로 불렸다.

졌다. 히지르는 오스만제국의 술탄인 셀림 1세Selim I를 주군으로 섬기고 모든 영토와 거느린 백성을 오스만제국의 속령으로 바치겠다고 했다.

셀림 1세는 제안을 받아들이는 보답으로 히지르를 알제를 다스리는 오스만제국의 총독이자 해군 제독에 임명하고 오스만의 최정예 부대인 예니체리 병사 2000명을 거느리게 했다. 아울러 히지르가 거느린 바르바리 해적단을 오스만제국의 정규 해군에 편입시키는 아량까지 베풀었다.

오스만제국의 대폭적인 지원으로 히지르와 바르바리 해적단의 위상은 한층 강화되었다. 그들은 이제까지 바다를 오가는 상선들을 습격하는 좀도둑질에서 벗어나 연안 지역을 공격하여 사람과 물자를 빼앗는 대담한 작전을 시도할 수 있게 되었다.

1529년 히지르의 부하인 아이딘은 스페인 동부의 발레아레스 제도와 발렌시아 해안 지대를 노략질했다. 그가 거느린 바르바리 해적단은 평화롭게 축제를 벌이고 있던 스페인 주민 수백 명을 납치하여 알제로 귀환했다. 이 사건이 알려지자 스페인의 해안 지대에 사는 주민은 언제 해적단의 공격을 받을지 몰라 불안에 떨었다.

하지만 그 일은 본격적인 해적질의 예고편에 불과했다. 1534년 히지르는 직접 해적선을 이끌고 남부 이탈리아를 집중적으로 공격했다. 메시나와 레조가 해적단의 주요 목표였다. 히지르는 800명의 주민을 납치하고, 18척의 갤리선을 불태우고 6척을 나포했다. 그리고 인근의 스페르롱가와 폰디 마을을 습격해 남자들을 죽이고, 여자들은 모두 포로로 끌고 간 다음 마을 전체를 불태워버렸다.

남부 이탈리아가 바르바리 해적단의 공격을 받았다는 소식을 들은 로마의 시민은 겁에 질려 로마마저 해적단의 침략을 받을까봐 황급히 피난을 떠날 정도였다. 수천 명의 이탈리아인을 노획한 히지르는 그들 대부분을 알제의 노예시장으로 넘겨 팔아버렸다.

히지르의 이탈리아 남부 습격 사건은 수많은 유럽인에게 충격과 공포를 안겨주었다. 스페인 역사가 신도발은 이때의 상황을 두고 "메시나에서 지브롤터에 이르기까지, 어느 유럽인도 (바르바리 해적들로부터 노략질을 당할 것을 두려워하여) 편하게 잠을 잘 수 없었다"고 술회했다.

바르바리 해적단이 서부 지중해를 휩쓸고 다니는 상황을 우려한 신성로마제국 황제 카를 5세는 교황청과 제노바, 베네치아 등과 연합군을 결성하지만, 1538년 9월 28일 그리스 서북부의 프레베자Preveza 해전에서 히지르가 지휘하는 바르바리 해적단과 오스만 해군에 참패하고 만다.

프레베자 해전에서 승리한 오스만제국은 1571년 레판토 해전이

프레베자 해전. 이 전투에서 활약한 바르바로사와 바르바리 해적단은 사실상 지중해의 제해권을 장악한다.

있기까지 약 40년간 지중해의 제해권을 거머쥐었다. 승리의 여파로 기세가 오른 바르바리 해적단의 노략질도 더욱 기승을 부렸다.

르네상스의 중심지,
이탈리아를 약탈하다

유럽의 위기는 이 정도로 끝나지 않았다. 1544년 히지르는 이탈리아 서부 해안에서 대대적인 약탈을 감행했다. 어느새 77세의 고령에 접어들었지만, 그는 해적질을 멈추기는커녕 항구와 마을을 무자비하게 노략질하며 다녔다. 겁에 질린 사람들이 마을을 버리고 달아나면 그들을 추격해 잡아왔으며, 마을에 남아 있는 식량과 의복, 돈 같은 재화를 모두 약탈하고 나면 불을 질러버렸다.

항구도시인 에르콜레와 탈라모네 마을, 그리고 나폴리 북서쪽의 이스키아 섬에서는 무려 2000명의 주민이 포로로 잡혀갔다. 해적들이 잡은 주민의 수가 얼마나 많았던지 해적단의 갤리선 한 척이 포로를 싣고 가다가 살레르노 항구 인근에서 침몰하고 말았다. 포로를 너무 많이 실은 탓에 배가 하중을 견디지 못한 것이 원인이었다.

이런 식으로 1544년 서부 이탈리아 원정에서 히지르는 무려 7000명의 이탈리아인을 노예로 잡아 오스만제국의 수도인 이스탄불로 귀환했다. 그 와중에 오랜 감금 생활로 몸이 쇠약해진 수백 명의 이탈리아인이 노예로서 가치가 없다고 판단되어 산 채로 바다에 버려졌다.

2년 뒤인 1546년, 히지르는 이스탄불에서 사망했다. 그러나 바르바리 해적단은 와해되지 않았고, 그의 휘하에 있던 수십 명의 해적 두목이 유럽의 해안 지역을 상대로 노략질에 몰두했다.

1551년 히지르의 부하였던 투르굿은 바르바리 해적단을 이끌

고 몰타 섬을 공격하여 주민 5000명을 포로로 잡아갔다. 1554년
에는 또 다른 두목이 이끄는 바르바리 해적단이 이탈리아 동남부
의 도시인 비에스테Vieste를 습격해 7000명의 주민을 납치했다.

다음 해인 1555년이 되자 바르바리 해적단은 코르시카에 상륙
하여 6000명의 주민을 포로로 잡아갔다. 1558년에는 메노르카 섬
의 도시인 키우타델라Ciutadella를 습격하여 무자비한 파괴를 저질
렀으며, 3000명의 주민을 포로로 납치해 이스탄불에 노예로 팔
아버렸다. 1566년에는 스페인 남부의 도시 그라나다를 공격하여
4000명의 주민을 납치했다.

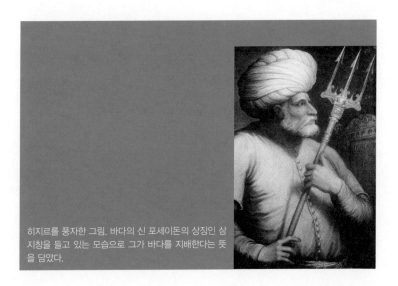

히지르를 풍자한 그림. 바다의 신 포세이돈의 상징인 삼
지창을 들고 있는 모습으로 그가 바다를 지배한다는 뜻
을 담았다.

바르바리 해적단은 이렇게 포르투갈과 스페인부터 발레리아스 섬과 사르디니아 및 코르시카와 이탈리아, 시칠리아와 멀리는 아이슬란드와 아일랜드, 영국과 덴마크 그리고 스웨덴과 노르웨이까지 종횡무진 누비며 살육과 약탈을 일삼았다. 가히 전 유럽의 해안이 바르바리 해적단의 공격 대상이 되었던 것이다.

학자들의 연구에 따르면 바르바리 해적단이 본격적으로 활동하기 시작한 1530년부터 1780년까지 이들에게 납치된 유럽인은 자그마치 125만 명에 이른다고 한다. 르네상스와 절대왕정 시대를 살던 유럽인에게 바르바리 해적단은 그야말로 지옥에서 온 악마나 다름없었다.

그 때문인지 이탈리아와 스페인 등 바르바리 해적의 노략질이 극심했던 남부 유럽의 항구도시에서는 출항하기 전에 선원들이 "부디 하느님이 우리를 트리폴리의 (해적) 갤리선으로부터 보호해주시길 바랍니다!" 하고 기도를 올렸다고 한다. 트리폴리는 바르바리 해적단의 근거지 중 한 곳이었다.

화려한 문예 부흥과 예술의 시대를 구가한 것으로 알려진 유럽인이 사실은 바르바리 해적단의 습격으로 언제 끌려갈지 모르는 불안하고 위험한 상태에서 하루하루 살아갔던 것이다.

유럽인 노예들의
비참한 신세

바르바리 해적단에게 잡혀간 유럽인들은 어떤 형편에 놓였을까?
일단 포로가 되면 지옥 같은 고통이 시작되었다. 우선 물과 음식의
부족으로 많은 포로가 북아프리카까지 가는 동안 굶어죽었다. 비
위생적인 환경에서 좁은 배에 많은 인원이 묶여 생활하다보니 전

유럽인 노예시장. 노예로 팔려간 이들은 이슬람교로 개종할 것을 강요받고 힘든 강제 노동에 시달렸다. 군대에 끌려가거나 감옥에서 병든 채로 죽어가기도 했다.

염병도 자주 일어났다.

힘겨운 항해를 견디고 운 좋게 살아나 북아프리카로 온 사람들이라고 해서 나을 건 없었다. 포로로 잡힌 사람들은 바르바리 해적단의 근거지인 알제리나 모로코 또는 튀니지의 감옥으로 끌려갔다. 바르바리 해적단의 노략질이 극성이었던 16세기와 17세기에는 알제리의 항구도시인 알제의 감옥에 무려 3만 5000명의 유럽인이 수감되어 있었다고 한다.

극히 지저분한 위생 환경과 부족한 식량 때문에 수많은 포로가 병이나 굶주림에 시달리다 죽어나갔다. 납치한 포로들의 높은 사망률 때문에 바르바리 해적단은 노예납치에 열을 올릴 수밖에 없었다.

포로들 중에서 몸값을 낸 사람은 즉시 석방되었지만, 그렇지 못한 사람들은 가혹한 취급을 받았다. 도망가지 못하도록 두 발에 20킬로그램이나 되는 무거운 족쇄를 차고 있어야 했다. 포로들은 알제리, 모로코, 튀니지의 노예시장으로 팔려갔다. 유럽인 포로들을 사는 주 고객은 모로코 왕국의 국왕과 알제리에 파견된 오스만제국의 총독이었다.

경매에서 팔린 유럽인 포로는 남녀 성별에 따라 분류되었다. 남자들은 바르바리 해적들이 모는 갤리선에서 노를 젓는 노예가 되었다. 해적들이 노략질하러 가지 않을 때에는 알제리나 트리폴리의 노역장에서 인부로 일해야 했다.

여자 포로는 주로 가정이나 부엌에서 일하는 노예로 팔려갔지만, 간혹 미모가 뛰어난 여성들은 오스만제국의 하렘(이슬람 사회에서 여성들을 모아둔 처소)으로 끌려가 권력자들의 첩이나 후궁이 되어 살았다.

고된 지옥에서 살아가던 유럽인 노예들이 품는 희망은 둘 중 하나였다. 라자로회Lazarists 같은 가톨릭 신부들로 구성된 자선단체가 자신들의 몸값을 지불하고 고국으로 데려가기를 바라거나 아니면 감시의 경계망을 뚫고 탈출하는 것이었다.

하지만 유럽의 자선단체가 수많은 노예를 구하기에는 돈이 턱없이 부족했다. 어렵게 모은 돈으로 북아프리카에 가도 노예들을 거느린 무슬림 권력자들은 포로의 몸값을 예정보다 더 비싸게 부르거나 하는 식으로 좀처럼 내어주려 하지 않았다. 탈출은 아주 운이 좋지 않는 한 거의 불가능했다.

지중해 무역의 쇠퇴와
바르바리 해적단

지금까지 일반적인 역사 서술에 의하면 16세기에 들어 아메리카 대륙이 유럽인에게 발견되면서 신항로 개척이 시작되었고, 그 때문에 국제무역의 중심지가 지중해에서 대서양으로 옮겨가는 바람에 지중해 무역에 의존하던 이탈리아 도시국가들이 경제적으로 타격을 받아 르네상스가 쇠락했다고 한다.

그러나 이러한 역사 서술은 한 가지 중요한 사실을 빠트리고 있다. 바르바리 해적단이 16세기 초부터 르네상스의 중심지라고 할 수 있는 이탈리아에서 집요하게 약탈을 감행한 부분 말이다.

지중해 무역이 쇠퇴하게 된 이유를 꼽자면 신대륙 발견으로 인한 신항로의 개척보다는 바르바리 해적의 노략질을 피하기 위함이 아니었을까? 해적단이 지중해 일대에 창궐하자 이탈리아의 도시국가들이 지중해를 중심으로 벌이고 있던 해상 무역이 제대로 이뤄지지 못했고, 그 때문에 경제적인 피해가 누적되어 르네상스가 내리막길을 걷게 된 것은 아닐까?

바르바리 해적단은 바다를 오가는 상선을 습격해 승무원과 재화는 물론 배마저 빼앗았다. 또한 항구도시를 습격하여 주민을 납

바르바리 해적단과 유럽 해군의 전투를 묘사한 그림

치하는 일을 주저하지 않았으며, 심지어 오스만제국의 지원을 받
아 유럽 기독교 국가들과의 정규전까지 치러냈다.

바르바리 해적단의 활동 양상을 보면 흔히 우리가 해적 하면 떠
올리는 좀도둑질 수준이 아니었다. 그들은 오스만제국의 대리인
이 되어 이탈리아를 비롯한 유럽 기독교 국가들의 숨통을 압박했
다. 말하자면 지중해의 패권을 놓고 오스만제국과 유럽 국가들 간

의 힘겨루기에서 바르바리 해적단은 전자의 편에 서서 후자를 심각하게 위협했던 것이다.

1571년에 벌어진 레판토 해전 이전과 이후에도, 바르바리 해적단은 변함없이 이탈리아와 유럽 국가들을 상대로 살육과 약탈을 일삼으며 활발하게 활동했다. 사실상 지중해 패권을 둘러싼 전쟁에서 오스만제국이 유럽 국가들보다 우위를 보였다는 반증이 아닐까?

해상권 다툼에서 밀린 이탈리아의 도시국가들은 13~14세기 전성기에 누리던 경제적 번영을 잃고 만다. 그에 따라서 찬란한 문예운동인 르네상스도 저물어갔던 게 아니었을까?

실제로 레판토 해전 직후, 오스만제국은 베네치아의 해외 식민지인 키프로스 섬을 빼앗았고, 17세기 중엽에는 역시 베네치아의 영토였던 크레타 섬마저 차지했다. 영토를 상실한 베네치아의 국력이 쇠퇴했음은 말할 나위도 없다.

이탈리아 도시국가의 경제적 약화와 르네상스의 몰락을 대서양 무역이 아닌 바르바리 해적단의 활동에서 찾으려는 시도는 어쩌면 다소 무모할는지도 모른다. 하지만 잘못된 추론은 아니라고 생각하며 여태까지 우리가 배운 서구 중심적인 시각을 극복하기 위해서라도 한번쯤 진지하게 다뤄볼 문제가 아닐까 싶다.

4

전쟁

살육과 포화 속에 싹틔운 르네상스

RENAISSANCE

현대의 유럽 국가들은 유럽연합EU을 만들어 하나의 공동체를 향해 나아가고 있다. 유럽연합에 가입한 나라들은 영국을 제외하면 모두 유로화를 공용 화폐로 사용하고 있으며, 국경의 검문 검색도 사라져 다른 나라로 자유롭게 오갈 수 있게 되었다. 2010년 초에는 유럽연합 의장 직책까지 창설되었으며 머지않아 유럽연합 공동 방위군까지 편성할 예정이다. 유럽은 이제 명실상부한 초국가 연합체이자 하나의 나라를 향하여 느리지만 천천히 나아가는 중이다.

이러한 모습을 보고 유럽인들이 현명해서 탈민족주의를 선택했다고 찬양하는 사람이 있는가 하면, 한국도 과거의 역사에서 비롯된 민족감정을 버리고 중국이나 일본 등과 연합하여 서둘러 아시아 공동체(또는 원아시아)를 만들어야 한다고 열변을 토하는 이들도 있다.

하지만 유럽연합이 하루아침에 이루어진 건 아니다. 멀리는 고대 그리스 시절부터 가깝게는 제2차 세계대전에 이르기까지 무려 3000년 동안이나 서로 죽고 죽이는 끔찍한 살육전을 치른 유럽인들이 더는 전쟁이 일어나지 않도록 자기반성을 철저히 한 노력의 결과였다.

현재 유럽은 전 세계에서 손꼽히는 복지제도로 많은 이의 부러움을 사고 있다. 하지만 찬란한 문화와 예술을 꽃피운 르네상스 시대 유럽 사회는 오늘날과 같은 평화나 복지와는 거리가 먼, 1년 365일 내내 살육과 전쟁이 끊이지 않는 피의 호수와도 같았다.

전쟁이 끊이지 않았던
유럽의 상황

유럽의 대부분을 지배한 로마제국 치하에서도 전쟁은 끊임없이 이어졌다. 로마제국의 부유함을 탐낸 유럽 북부의 게르만족은 기회만 있으면 제국 내로 쳐들어가 침략과 약탈을 자행했다. 로마 제국은 강력한 군사력으로 번번이 침입을 막았지만, 서기 4세기 이후가 되자 제위를 둘러싼 내란이 빈발하여 갈수록 국력은 쇠퇴하고 있었다.

잇따른 게르만족의 침공과 내전으로 말미암아 로마제국은 395년 동서로 분열했고, 서로마제국은 475년에 게르만 출신 용병대장 오도아케르의 반란으로 붕괴하고 말았다.

강력한 힘으로 유럽을 통치하던 로마제국이 멸망하자 유럽 곳곳에 게르만족이 이주해와 작은 왕국들을 세웠다. 이들은 토착민을 힘으로 억압하면서 서로 더 넓은 영토를 차지하고자 쉬지 않고 전쟁을 벌였다.

8세기에 들어서자 멀리 서남쪽 스페인에서 새로 일어난 아랍의 이슬람 세력이 쳐들어왔다. 9세기와 10세기에는 스칸디나비아의 바이킹과 헝가리에 근거지를 둔 마자르족이 해안과 내륙 지역을 침략하면서 유럽은 혼란과 전쟁이 그치지 않는 난장판이 되고 말았다.

11세기 말부터 13세기 말까지 유럽은 십자군 전쟁과 몽골군의 침략으로 공포에 휩쓸렸다. 잉글랜드와 스코틀랜드, 신성로마제국과 북부 이탈리아의 도시국가들, 카스티야와 코르도바 칼리프 왕국, 폴란드와 헝가리 등 유럽의 거의 모든 나라가 영토 문제와

그라나다의 함락. 1882년 스페인 화가인 프란시스코 프라딜리아Francisco Pradilla의 작품으로 스페인에 마지막으로 남아 있던 이슬람 세력인 그라나다 왕국이 기독교 왕국인 카스티야와 아라곤에게 굴복하는 장면을 묘사한 그림이다. 왼쪽은 그라나다 왕국의 군주인 무하마드 12세가 왕국의 열쇠를 넘기는 모습이다.

왕위 계승을 놓고 치열한 다툼을 벌였다.

르네상스가 시작된 15세기 중엽에도 상황은 달라지지 않았다. 스페인은 700년 동안이나 이베리아반도에 들어와 있던 이슬람을 몰아내고 그들에게 빼앗긴 땅을 되찾기 위한 레콩키스타(재정복) 전쟁에 열중했다. 1492년 그라나다에 머물고 있던 이슬람 세력을 최종적으로 분쇄하고 마침내 레콩키스타를 달성했지만, 전쟁은 끝나지 않았다. 이슬람과의 오랜 전쟁 때문에 스페인은 광신적이고 냉혹한 가톨릭 국가가 되어 있었으며, 자국 내에 거주하는 유대인과 무슬림에게 가톨릭을 믿든지 그렇지 않으면 스페인을 떠나라고 압박했다.

이리하여 당시 스페인에서 살고 있던 약 50여만 명의 유대인과 무슬림 중에 절반가량이 스페인을 떠나 북아프리카와 오스만제국으로 이주했고, 남은 이들은 스페인의 압력에 못 이겨 어쩔 수 없이 가톨릭으로 개종했다. 가톨릭으로 개종한 유대인은 콘베르소Converso, 개종한 무슬림은 모리스코Morisco라고 불렸다.

많은 유대인과 무슬림이 가톨릭으로 개종했지만 스페인 왕과 귀족들은 여전히 이들이 반란을 일으킬지 모른다며 두려워했다. 스페인 사회에서 콘베르소와 모리스코는 고위 공직에 진출할 수 없었고, 고유 언어와 전통 의상 및 관습도 금지되었다. 심지어 농부 이외에는 다른 직업을 가질 수도 없었다. 이뿐 아니라 스페인 종교재판소는 의심스럽다고 판단되는 콘베르소와 모리스코의 재산을 몰수하는 법안까지 제정했다.

극심한 차별에 시달린 모리스코들이 1499년 11월 마침내 반란을 일으켰다. 그들은 강력한 스페인 군대에 맞서 약 120년간 끈질기게 항쟁했다. 스페인은 무려 700년이나 이어진 레콩키스타 전쟁으로 이슬람 세력을 몰아낸 보람도 없이 국내에 있는 이슬람 세력과 또다시 싸워야 했다.

다른 지역의 사정도 마찬가지였다. 오늘날 영국이라 불리는 브리튼 섬에서는 로마제국이 무너진 이후 1200년 동안 남쪽의 잉글랜드와 북쪽의 스코틀랜드 왕국이 끊임없이 전쟁을 벌이고 있었다. 그중 가장 큰 싸움은 1513년 9월 9일 벌어진 플로든 전투였다. 스코틀랜드 전역에서 약 3만 명의 군사를 모아 잉글랜드로 쳐들어갔던 스코틀랜드 국왕 제임스 4세는 서리 백작Earl of Surrey이 지휘

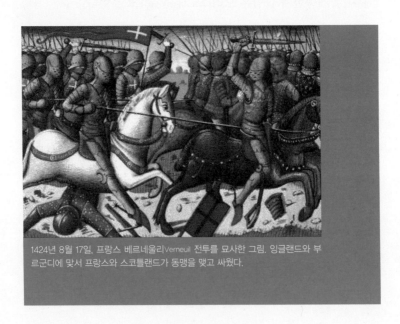

1424년 8월 17일, 프랑스 베르네울리Verneuil 전투를 묘사한 그림. 잉글랜드와 부르군디에 맞서 프랑스와 스코틀랜드가 동맹을 맺고 싸웠다.

하는 잉글랜드 군대와 치른 접전에서 1만 명이 넘는 전사자를 내며 대패했으며 그 자신도 전사했다.

잉글랜드와 비교할 때 왕권이 취약하고 수많은 지방 영주가 난립하고 있던 스코틀랜드의 국내 상황은 무척이나 혼란스러웠다. 스코틀랜드 북부의 하이랜드와 남부의 보더스 지역에서는 왕권이 무력할 정도로 국가 체제가 취약했다. 하이랜드의 부족과 보더스의 부족은 시도 때도 없이 주변 마을을 상대로 살인과 약탈을 일삼아 스코틀랜드 백성을 불안에 떨게 했다.

북해의 스칸디나비아 지역에서는 1434년부터 덴마크의 식민지였던 스웨덴에서 독립을 요구하는 백성이 봉기하여 이를 무자비하게 진압하는 덴마크 군대와 충돌했다. 스웨덴의 독립전쟁은 스웨덴 귀족 구스타프 바사가 초대 왕으로 즉위하는 1523년까지 89년간 이어졌다.

유럽에서 가장 늦은 시점인 14세기에야 기독교로 개종할 만큼 낙후된 변방이었던 리투아니아는 기독교 포교를 명분으로 쳐들어온 독일계 튜턴 기사단과 동방의 노보고르드 공국을 상대로 300년 가까이 전쟁을 벌이고 있었다. 1525년 튜턴 기사단의 단장인 알베르토가 개신교로 개종하면서 튜턴 기사단과 리투아니아 사이의 전쟁은 끝났다. 하지만 리투아니아는 튜턴 기사단보다 더욱 강대

1410년 폴란드 그룬발트에서 벌어진 폴란드-리투아니아 왕국과 튜턴 기사단의 전투. 승리한 폴란드-리투아니아 왕국은 동유럽의 강자로 떠오른다.

한 적인 노보고로드와 모스크바 공국(러시아제국의 전신)과 다시 치열한 전쟁을 치른다.

신성로마제국은 이름만 제국일 뿐 30개의 작은 제후 국가로 분열된 상태로 내전이 끊이지 않는 상태였다. 그나마 강력했던 황제인 카를 5세가 사망하고 나서는 형식적인 통합력마저 사라져 내전은 점점 더 격화되어 훗날 독일 전체 인구의 3분의 1이 사망하는 30년 전쟁의 불씨를 안고 있었다.

유럽의 최강국인 프랑스는 외부적으로는 1443년까지 잉글랜드와 치른 백년전쟁(1337년부터 1453년까지 100여 년 동안 영국과 프랑스 사이에 벌어진 전쟁. 프랑스의 왕위 계승 문제와 양모羊毛 공업 지대인 플랑드르에서의 주도권 싸움이 원인이 되어 영국군이 프랑스에 침입함으로써 일어났다. 잔 다르크 등의 활약으로 프랑스의 승리로 끝났다)과 내부적으로는 왕위를 노리는 부르고뉴 공국과의 힘겨운 전쟁에 몰두해야 했다. 또한 속국인 플랑드르(오늘날의 네덜란드와 벨기에) 귀족들은 숙적 잉글랜드와 결탁하여 프랑스로부터 독립하려는 움직임을 보였고, 프랑스는 군대를 동원해 계속 플랑드르의 봉기를 진압해야 했다.

헝가리와 세르비아, 왈라키아와 몰다비아 등 동유럽 국가들은 더욱 어려운 상황에 직면했다. 이 나라들은 14세기 말부터 유럽으로 진격해 온 오스만투르크제국과 힘겨운 사투를 벌여야 했다.

1389년 세르비아의 코소보Kosovo에서 벌어진 코소보 전투. 세르비아 귀족 연합군이 오스만제국에 전멸해 세르비아는 약 500년간 오스만의 지배를 받게 된다.

16세기 초가 되자 동유럽의 전황은 갈수록 악화되었다. 세르비아는 오스만제국에 정복되어 식민지로 전락했으며, 왈라키아와 몰다비아도 오스만제국의 속국이 되어 오스만 군대가 다른 기독교 유럽 국가들과 전쟁을 치를 때마다 병사와 물자를 제공해야 했다. 헝가리는 1526년 모하치 전투에서 국왕 로유수 2세가 전사하는 대패를 당하고 영토의 절반 가까이를 오스만제국에 빼앗기고 말았다. 그 이후에도 헝가리는 계속 오스만제국에 국경을 침탈당하며 시달렸다.

르네상스가 전개되던 15세기와 16세기의 유럽은 이처럼 어디를 가나 전쟁이 끊이지 않는 피의 호수였다.

르네상스의 중심지에서
벌어진 열강의 각축전

르네상스 시대에 전쟁의 양상이 가장 치열했던 곳은 다름 아닌 이탈리아였다. 수많은 도시국가로 분열되어 있기는 했지만, 과거 유럽을 지배한 로마제국의 중심부라는 정치적인 명분과 가톨릭교회의 수장인 교황이 있는 로마 시를 장악하기 위해 유럽에서 힘깨나

쓰는 나라들은 모두 이탈리아를 손에 넣고 싶어 했다.

1494년부터 1559년까지 유럽의 주요 세력이 참가한 이탈리아 전쟁Great Italian Wars이 발발했다. 이 전쟁에는 외부 세력인 프랑스와 스페인, 신성로마제국과 오스만투르크도 개입했으며, 이탈리아의 도시국가인 밀라노, 제노바, 베네치아, 나폴리와 교황청까지 가세했다.

1495년 파르마의 포르노보 전투battle of Fornovo를 시작으로 이탈리아 전역은 전화에 휩싸였다. 1503년에는 이탈리아 남부의 세미나라Seminara와 케리그놀라Cerignola, 가리그리아노Garigliano에서 침략해온 프랑스와 방어를 맡은 스페인과 나폴리 간에 치열한 전투가 벌어졌다.

1509년에는 아그나델로Agnadello에서 베니스와 프랑스가, 1512년에는 이탈리아 동북부의 라벤나Ravenna에서 프랑스와 페라라 연합군에 맞서 스페인과 교황청이, 다음 해인 1513년에는 이탈리아 북부 노바라Novara에서 프랑스와 밀라노가, 1515년 마리냐노Marignano에서는 프랑스와 스위스 용병부대가 엎치락뒤치락하며 싸웠다.

1522년과 1524년에는 비코카Bicocca와 세시아Sesia에서 스페인이 프랑스를 격파했으며, 1525년에는 이탈리아 북부 롬바르디아 평원에서 벌어진 파비아 전투battle of Pavia에서 프랑스가 참패하여 국왕 프랑수아 1세가 스페인 군대의 포로가 되었다.

프랑스가 패배하고 스페인이 승리하자 교황은 배후에 있던 합스부르크 가문이 지나치게 강대해져 유럽 전체를 지배하고 나아가 교황권마저 위축시킬 위험이 있다고 판단했다. 앞서 다뤘듯이 교황은 스페인과의 동맹을 파기하고 프랑스와 손을 잡는다. 이에 분노한 스페인의 카를 5세는 1527년 군대를 보내 로마를 철저하게 파괴하고 교황 클레멘스 7세를 9개월간 포로로 가둬버리는 이

1525년 벌어진 파비아 전투는 이탈리아 전쟁의 가장 극적인 순간이었다.

른바 '로마의 약탈' 사건을 저지른다.

그 이후로도 프랑스와 스페인은 치열한 전투를 치렀으며, 1551년
과 1559년까지 토스카나와 사보이에서 프랑스와 스페인은 이탈리
아 전쟁의 마지막을 장식하는 처절한 격전에 돌입했다.

자그마치 65년 동안이나 이웃 강대국들이 자국 영토 안에서 벌
인 전쟁으로 말미암아 이탈리아는 참혹하기 그지없는 피해를 입
었다. 전쟁의 결과로 이탈리아의 르네상스는 치명적인 타격을 입
었다. 이탈리아 전쟁을 끝으로 회화와 조각, 미술 등의 르네상스
예술은 알프스 이북에 자리 잡은 국가인 프랑스, 독일, 네덜란드로
이동하기에 이르렀다.

국가 파산을 초래한
지나친 군사비 지출

스페인은 이탈리아 전쟁에서 경쟁자인 프랑스를 꺾고 유럽의
패권을 장악했으나 1575년과 1596년, 왕실 재정의 파산 선언을
하고 만다. 16세기에 '해가 지지 않는 제국'으로 불리며 신대륙과
아프리카와 유럽 및 동남아에 걸쳐 거대한 영토를 지배하던 유럽

의 최강대국 스페인이 어째서 두 번이나 국가 파산 선언을 해야 했을까?

원인은 늘어나는 군사비 부담을 국가 재정이 감당할 수 없었기 때문이었다. 당시 스페인 국왕 펠리페 2세Felipe II는 자신의 야망인 세계 정복을 실현하기 위해서, 유럽뿐 아니라 세계 곳곳에 일을 너무 많이 벌려놓았다. 가톨릭의 수호자라는 별명에 걸맞게 오스만투르크제국과의 전쟁, 숙적인 프랑스와 식민지인 네덜란드, 잉글랜드를 정복하기 위해 1588년의 무적함대 파견 등 유럽 내부에서 스페인의 패권을 유지하기 위해 벌인 전쟁만 해도 부지기수였다.

유럽과 신대륙에 광대한 영토를 거느렸던 스페인 국왕 펠리페 2세. 잦은 전쟁으로 과도한 군사비를 지출하여 결국 스페인을 파산으로 몰아넣고 만다.

유럽 밖에서도 스페인의 전쟁은 끝이 없었다. 동남아시아의 섬 나라인 필리핀과 신대륙의 멕시코, 페루, 칠레 지역을 관할해야 했고, 1580년 스페인이 포르투갈로부터 흡수한 아프리카 서남부와 동남부 지역, 인도 서해안, 동남아시아의 티모르와 자바 섬까지 관리하고 그곳을 넘보는 외부 세력과 싸우느라 스페인은 국가 예산의 대부분을 국방비로 소모하고 있었다.

이렇게 방대하다 못해 방만한 스페인의 전쟁 사업과 비교하면 국고로 들어오는 재정 수입은 열악하기 짝이 없었다. 정복한 신대륙에서 채굴한 막대한 양의 금과 은을 실은 보물선이 계속 스페인의 항구로 도착하고 있기는 했다. 하지만 신대륙에서 출발한 보물선이 스페인으로 도착하기까지는 평균적으로 약 7개월이 걸렸다. 황금과 은을 잔뜩 실은 스페인 보물선을 노리는 잉글랜드나 프랑스의 사략선들이 기승을 부리는 바람에 안전을 확보하기 위해 쿠바나 파나마, 멕시코에 주둔한 스페인 해군 함대의 호송을 받는 복잡한 절차를 거치느라 시간이 지체되었던 것이다.

이렇게 어렵사리 들여오는 황금과 은을 스페인 지배층은 국가 산업을 위해 투자하는 데 쓰지 않았다. 또 다른 전쟁을 벌여 군사비로 쓰거나 보석 같은 사치품을 사들이는 데 탕진하기 일쑤였다. 당시 스페인의 귀족 대부분은 목장에서 키우는 양을 이용한 양모

산업에 관련되어 있었는데, 이들은 기득권을 지키기 위하여 일부러 농업 발전을 늦추거나 다른 이들이 목축업에 전념하도록 했다.

결과적으로 신대륙에서 들여온 황금과 은은 국가 발전을 위한 산업에 투자되지 못하고 스페인에 전쟁물자를 대주는 이탈리아나 네덜란드의 상인들에게로 고스란히 흘러가는 결과만 초래하고 말았다.

1499년 제노바의 장군 지안코모 트리불치오는 이렇게 말했다.

"전쟁을 하려면 단지 세 가지만 필요하다. 돈, 돈, 그리고 더 많은 돈이다."

국가 재정의 궁핍으로 임금이 체불되자 병사들은 더 이상 싸우려 들지 않았다. 군인들은 군대를 박차고 나와 도시와 마을을 누비며 약탈을 일삼았다. 겁에 질린 농민들이 난폭한 군인들을 피해 산속으로 달아나는 바람에 농사를 짓지 못했다. 그러자 나라 안에 식량이 부족해 굶주리는 사람들이 속출했다.

군사적 역량이 남아 있던 17세기 중엽까지는 군대를 동원해 점령지에서 돈과 물자를 징발하는 방식으로 재정 보충이 가능했다. 그러나 1644년, 30년 전쟁에서 스페인이 자랑하던 보병 전술인 '테르시오'가 새로운 군사 강국으로 발돋움한 네덜란드와 스웨덴의 기동성을 중시한 전술에 패배하자, 스페인은 이제까지 누려왔던 군사적 패권마저 잃어버리고 말았다. 그리하여 스페인은 프랑스와 잉글랜드에 눌려 유럽 최강국에서 2류 국가로 전락하고 말았다.

르네상스 시대에 벌어진 이탈리아 전쟁은 피해자인 이탈리아와 승자 스페인 모두를 몰락으로 빠뜨리고 말았다. 아름다운 벽화와

브레다의 항복. 1625년 네덜란드에 항복하는 스페인 테르시오 부대의 모습을 스페인 궁정화가 벨라스케스가 그린 그림. 17세기 중엽 이후 스페인은 군사력 경쟁에서 식민지였던 네덜란드에 패배하고 유럽의 지배권을 상실하고 만다.

조각 같은 예술품만 떠올리는 르네상스 시기 이면의 유럽사는 1년 365일 편안한 날이 없었던 아수라장 같은 전쟁의 연속이었다. 근심과 걱정 없이 편안하게 예술 활동만 하고 사는 안락함은 르네상스의 실제와는 너무나 거리가 멀다.

5

흑사병

인구 집중이 낳은 엄청난 재앙

RENAISSANCE

서양, 특히 중세를 폄하하는 옥시덴탈리즘Occidentalism의 단골 소재로 활용되는 주제가 있다. 바로 목욕과 흑사병이다. 중세 유럽인들이 목욕을 잘 하지 않아서 더러웠고, 그러다 보니 흑사병 같은 전염병이 수시로 창궐해 수천만 명이 떼로 죽어나갔다는 것이다.

서구 학자들의 방대한 문헌 탐사와 자료 조사 덕분에 이러한 통설은 지나치게 과장되었거나 사실이 아닌 것으로 드러났다. 사실 중세 초기에는 오히려 위생 상태가 상당히 양호한 편이었다. 로마 제국 멸망 이후에 벌어진 대혼란 때문에 도시에 사는 인구가 적었고, 많은 사람이 흩어져 시골에 살고 있었으므로 전염병이 쉽게 창궐하지 않았다. 미국의 맥닐 교수에 의하면 767년 이후 약 600년 동안 유럽을 포함한 기독교 지역에서는 흑사병 같은 대규모의 전염병이 거의 자취를 감추었다고 한다.

중세 유럽인들이 목욕을 전혀 하지 않았거나, 할 줄 몰랐다는 말도 전혀 사실과 다르다. 가난한 농노조차 마을의 개울이나 호수, 강에서 몸을 자주 씻었다. 왕족이나 귀족들은 먼 곳까지 나가기를 귀찮아해서 집에 욕조를 마련해놓고 하인들에게 뜨거운 물을 준비시켜 목욕을 했다. 또한 중세 기사들은 서임식을 앞두고 전날 밤에 반드시 목욕을 했다.

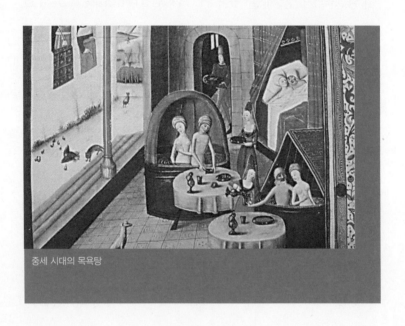

중세 시대의 목욕탕

미개하고 잔인한 야만인 정도로 알려진 바이킹들도 알고 보면 목욕을 자주 했다. 바이킹들은 마로니에 열매를 빻아서 비누를 만들어 매주 토요일마다 거품을 내어 목욕을 즐겼다고 한다. 사우나(한증막)에서 하는 증기욕을 개발한 이도 바이킹이었다.

중세 유럽에도 공중목욕탕이 있었다. 중세가 안정기로 접어든 12세기 이후가 되자, 많은 도시에 공중목욕탕이 들어서서 인기리에 영업했다. 개중에는 탕 안으로 매춘 여성을 들여보내어 일석이조의 수익을 노리는 목욕탕도 있었다.

이렇듯 중세 유럽인이 씻지 않고 지저분하게 살았다는 속설은 사실이 아니며, 지나치게 과장된 편견으로 보아야 한다.

흑사병의 무서움

그렇다면 14세기 중엽을 기점으로 흑사병이 그로록 빨리 유럽 전역으로 퍼져 치명적인 결과를 초래한 원인은 무엇이었을까?

흑사병은 본래 쥐가 걸리는 병이다. 박테리아의 일종인 페스트균에 감염된 쥐에 기생하던 벼룩이 흡혈하는 사이에 페트균에 감염되는데 이 벼룩에 사람이 물리면 페스트균에 감염된다. 흑사병

1411년 토겐부르크 성서에 그려진 흑사병 환자

에 걸린 사람은 감기와 비슷한 증상을 보이는데 이를 대수롭지 않게 여겼다가 큰 봉변을 당하기 일쑤였다. 재채기를 할 때 침 같은 분비물을 통해서도 감염된다는 의학적 지식이 없었던 유럽인들은 가까운 사람을 통해 흑사병에 걸리면서도 속수무책으로 죽어나갔다.

흑사병이 유럽에서만 창궐한 특별한 전염병은 아니다. 유럽으로부터 아주 멀리 떨어진 중국에서도 흑사병은 대규모로 창궐했다. 1330년대 말부터 나타난 흑사병은 1340년대 중반을 거쳐 1352년이 되자 본격적으로 기승을 부리기 시작했다는 기록이 있다. 기녕과 보덕에서 발생한 흑사병이 다음 해인 1353년에 황주로 퍼졌고, 1354년에는 수도인 대도(지금의 북경)와 강서, 호광 지역까지 휩쓸었다. 1356년과 1357년에는 호남과 산동 지역, 1359년에는 광동, 1360년에는 소흥까지 흑사병이 번져나갔다. 1353년 섬서성의 대동 지역에서는 흑사병으로 도시 주민의 절반이 사망했다. 중국인 학자들의 견해에 따르면 14세기 중엽 흑사병으로 사망한 중국인의 숫자는 무려 3000만 명에 달한다고 한다.

유럽에 처음 흑사병이 나타난 1347년, 맘루크 왕조가 통치하던 이집트에서도 흑사병이 창궐했다. 당시 700만의 인구가 살고 있던 이집트에서 흑사병 때문에 전체 인구 3분의 1 가량이 목숨을 잃었다. 이집트의 흑사병은 15세기 말까지 빈발하여 국력이 급속히 쇠퇴하는 원인이 되었다. 이와 같이 중세 유럽만 지저분하고 미개해서 흑사병으로 수많은 사람이 죽어갔다고 여기는 것은 역사적 진실에 대한 몰이해일 뿐이다.

흑사병, 유럽을 공포의
도가니에 빠트리다

14세기 중엽 흑사병이 창궐한 이후 유럽인들의 위생 상태는 중세 시절보다 오히려 나빠졌다. 한 예로 목욕탕 이용률과 목욕하는 풍습이 줄어들었다.

유럽인들은 흑사병의 원인은 몰랐지만, 오랜 경험으로 사람이 많이 모이는 곳을 가급적이면 피하게 되었다. 그 대표적인 예가 바로 목욕탕이다. 행여 자기도 모르게 흑사병에 감염된 상태에서 (흑사병의 잠복 기간은 약 5일 정도다) 목욕탕에 갔다가 다른 사람에게 병을 옮기거나 아니면 병에 걸릴지도 몰라 사람들은 지레 겁을 먹었다.

유럽에서 흑사병은 14세기 이후에도 좀처럼 수그러들지 않고 오히려 기승을 부렸다. 얄궂게도 르네상스 이후 유럽 경제가 발전하면서 일자리를 찾아 각지에서 도시로 몰려드는 노동자들로 인한 인구 밀집이 원인이었다. 베네치아와 제노바를 비롯한 이탈리아의 도시국가들이 동방 교역으로 부를 쌓으면서 농촌에서 살던 농민들이 대거 도시로 몰려들어 도시가 수용할 수 있는 한계치를 넘다보니 자연히 전반적인 위생 수준이 나빠진 것이다.

중세와 르네상스 시기의 유럽 도시에 기본적인 상하수도 시설은 있었다. 하지만 도시로 사람들이 몰려들자 기존 시설만으로는 배수 처리가 제대로 되지 않았다. 많은 사람들이 집안에서 발생한 대소변이나 생활하수 등을 하수도에 버리기보다는(버려도 어차피 제대로 처리가 안 되니) 길거리로 내던져버리기 일쑤였다. 이때부터 유럽 도시의 위생 상태가 극도로 나빠지기 시작했다.

　도시 빈민도 전염병의 한 원인이 되었다. 당연한 일이지만, 도시로 간다고 해서 모두가 일확천금을 얻어 잘살 수 있는 건 아니었다. 수백 년 동안 가족같이 지내던 작은 마을에서 농사만 짓고 살던 순박한 농민들은 영악한 도시 사람들의 상대가 되지 못했다. 어렵게 돈을 마련해서 도시로 나간 사람들이 교활한 사기꾼에게 걸려 신세를 망치기 일쑤였다. 다행히 일자리를 얻더라도 항구나 가내 공장에서 낮은 임금을 받고 노동하는 일용직이 대부분이었다. 그런 일자리마저 잡지 못한 농민들은 구걸을 하거나 소매치기가 되어 도시의 어두운 뒷골목에서 비참하게 살아가는 빈민이 되는 수밖에 없었다.

　가난에 찌든 채 뒷골목을 전전하는 도시 빈민이 의식주 같은 기본적인 생활 조건을 갖추지 못하는 건 당연한 일이었다. 충분히 먹지 못해 굶주린데다 비위생적인 환경 탓에 이들은 질병에 매우 취약했다. 빈민들이 집단적으로 모여 사는 빈민굴은 흑사병 같은 각종 전염병의 온상이 되었다. 이런 까닭에 도시에 기반을 두고 살아가는 사람들은 빈민들을 극도로 혐오했다.

　르네상스의 전성기라 할 수 있는 16세기에도 흑사병은 맹위를 떨쳤다. 잉글랜드에서는 국왕 헨리 8세 시절 흑사병이 런던에 창궐하여 한동안 궁정 신료들이 병을 피해 시골로 피난하기도 했다. 1592년 흑사병이 런던에 다시 퍼지는 바람에 영국이 낳은 전설적인 문호 셰익스피어가 기획한 연극이 상영 중지를 당했고, 극장들도 한동안 문을 닫아야 했다. 연극을 보기 위해 극장에 사람이 모이면 흑사병이 퍼질 수 있다는 정부의 우려 때문이었다.

같은 시대 프랑스에서도 흑사병은 공포의 대상이었다. 우리가 잘 아는 예언자 노스트라다무스의 원래 직업은 점술가가 아니라 의사였다. 그가 의사가 되기 위해 공부하던 1526년부터 프랑스 남부에는 흑사병이 유행했다.

사람들이 흑사병에 걸려 죽어가는 모습을 지켜보던 노스트라다무스는 의학 지식을 총동원해서 치료약을 만들어냈다. 장미꽃잎과 붓꽃iris에서 짜낸 기름과 도금양나무의 말린 꽃가루를 섞어 만든 약이었다. 얼마 동안 노스트라다무스가 만든 약이 흑사병 환자들에게 효과가 있는 듯했다.

그것도 잠시, 그의 아내와 아이들이 흑사병에 걸렸을 때 그토록 자신 있어 하던 약이 전혀 듣지 않았다. 흑사병으로 가족을 잃은 노스트라다무스는 의사로서 자신의 의술에 회의를 느꼈고, 의학으로도 사람을 구하지 못한다는 사실을 깨달았다. 결국 그는 의사 신분을 버리고 점성술사가 되어 미래를 예견함으로써 사람들을 구하는 새로운 길을 걷게 되었다.

17세기 중엽에도 흑사병은 계속 발생했다. 1666년 9월 2일, 8만 명의 이재민을 내고 1만 3200채의 건물을 태워버린 악명 높은 런던 대화재가 벌어지기 직전에도 흑사병이 기승을 부렸다. 끔찍하게 더운 여름 날씨와 도시 전반의 위생 상태가 매우 나빠 쥐와 벼룩이 들끓었기 때문이라고 한다. 당시 영국인들은 흑사병과 런던 대화재의 발생을 하늘의 심판이자 분노로 여겨 마치 세상의 종말이 온 것처럼 공포에 떨었다.

14세기 중엽부터 르네상스 시기를 거쳐 유럽인들을 두려움에 떨게 한 흑사병은 1770년 러시아 모스크바에서 발생한 것을 끝으

노스트라다무스. 흑사병으로 가족을 잃고 의사로서 회의감을 느껴 점성술사가 되었다.

르네상스 시절 유행했
던 그림. 왕이나 귀족
이나 성직자나 평민을
막론하고 모든 계층의
사람들이 흑사병에 걸
려 죽는 모습을 보고
죽음 앞에서는 모두가
평등하다고 느꼈다.

로 유럽에서 자취를 감추었다. 과연 그동안 얼마나 많은 사람이 흑
사병에 걸려 사망했을까? 확실한 통계는 없으나 최소한 3000만에
서 4200만 명은 될 것으로 추측한다. 서구의 역사학자 사이에서는
흑사병으로 유럽 전체 인구의 3분의 1이 사망했을 것으로 의견이
모아지고 있다.

빛과 이성의 시대로 알려진 르네상스 시대에 어떠한 약으로도
치료할 수 없는 흑사병이 창궐하여 사람들은 공포에 떨면서 하루
하루를 비참하게 살아가야 했다.

전염병의 수출

르네상스 시기에 유럽이 전염병인 흑사병에 시달린 것처럼, 같은 시대의 중남미와 시베리아 등지에서도 유럽의 대외 팽창에 따라 천연두와 인플루엔자 등의 전염병이 퍼져나갔다. 유럽인들을 통해 토착민에게 옮겨간 천연두 같은 전염병은 세계사의 물줄기를 서구에 유리한 방향으로 돌려놓은 요인이 되기도 했다.

16세기 스페인이 중남미의 토착 문명인 아즈텍과 잉카를 정복할 당시, 천연두는 스페인 군사들의 무기보다 원주민에게 치명적인 타격을 입혔다. 중남미의 원주민은 오랫동안 외부 세계와 고립된 환경에서 깨끗하게 살아왔기 때문에 천연두에 대한 면역력이 없었다. 그런데 지저분한 환경에서 살면서 각종 병원균에 노출되었던 스페인인들이 중남미에 들어오자, 순식간에 전염병이 퍼지면서 수많은 원주민이 죽어나갔던 것이다.

코르테스가 이끌던 스페인 군대는 아즈텍 황제인 몬테수마의 초청을 받아서 아즈텍의 수도인 테노치티틀란에 들어왔으나 몬테수마를 인질로 잡고 아즈텍의 금은보화를 약탈하더니 축제를 벌이던 아즈텍인들을 잔인하게 학살하는 만행마저 저질렀다. 분노한 아즈텍인들은 봉기를 일으켜 스페인 군대를 공격하고 이를 말리는 몬테수마까지 죽이고 만다. 스페인인들은 궁전에 숨어서 아즈텍인들에게 맞서 싸웠으나 그들의 수가 워낙 부족한 데다 식량까지 바닥나 도저히 견디지 못하고 달아나다가 운하에 빠져 500여 명의 군사가 죽었다. 이를 신대륙 역사에서는 '슬픈 밤'이라고 부른다.

겉으로만 본다면, 아즈텍인들이 승리한 것 같았으나 사정은 조금 달랐다. 그 무렵 테노치티틀란에서는 스페인인들에게서 비롯된 천연두가 아즈텍인들 사이에 창궐하면서 수많은 사망자와 환자가 속출하고 있었다. 아즈텍인들이 남긴 기록을 수집한 문헌인 《피렌체 코디세》에는 당시의 상황이 이렇게 묘사되어 있다.

"스페인인들이 도망친 뒤에, 끔찍한 역병이 우리를 공격했다. 얼굴과 가슴에 염증이 생기지 않은 사람이 없었다. 염증의 고통이 너무나 커서, 몸을 움직일 수도 없었다. 수많은 사람들이 염증에 걸려 죽고, 또 먹지를 못해서 굶어 죽었다. 간신히 살아남은 사람들도 장님이 되는 경우가 많았다. 이렇게 두 달 동안 역병으로 고생을 하던 중에, 스페인인들이 다시 쳐들어왔다."

또한 익명의 스페인 가톨릭 수도사는 "아즈텍 인구의 반이 전염병으로 인해서 마치 빈대가 불에 타 죽듯이 몰살당했다"고 말했다.

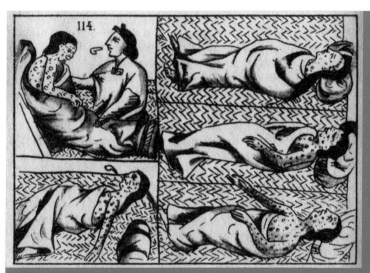

천연두에 감염되어 죽어가는 아즈텍인들의 모습을 표현한 그림. 스페인인들로부터 감염된 천연두는 수백만의 아즈텍인을 죽거나 불구로 만들었다. 전염병은 스페인의 아즈텍 정복을 도운 숨은 병사였다.

이처럼 아즈텍은 스페인인들에게서 옮은 천연두로 인해 사회조직이 무너진 상태였고, 그때 다시 침입해온 스페인인들의 공세를 견디지 못하여 멸망한 것이다.

아즈텍처럼 잉카제국도 전염병으로 인해 사회구조가 심각하게 파괴된 상태였다. 최초의 천연두는 1527년에 발생했다. 잉카 인구의 약 절반이 병으로 죽었고, 황제인 와이나 카파크와 그의 아들도 천연두에 걸려 죽고 말았다. 16세기 말, 잉카의 귀족인 파차쿠티 얌키는 "얼굴에 붉은 딱지가 생기는 천연두가 퍼지자 수많은 사람이 죽었다"라고 기록했다. 또한 스페인인 정복자이자 역사가인 시에사 데 레온(1520~1554)은 "천연두가 잉카제국을 휩쓸었고, 농장에서 일할 원주민 일꾼들이 다 죽어서 경작지가 황무지로 변해버렸다고 한다. 잉카의 원주민들은 그만큼 크게 줄어들었다"라고 적었다.

천연두에 감염되어 황제가 죽자 두 아들인 와스카르와 아타우알파는 서로 황제가 되기 위해 내전을 벌였다. 그로 인해 잉카는 인구가 줄어들고 사회제도가 붕괴했는데, 이때 나타난 스페인의 침략을 이겨내지 못하여 무너져버린 것이다.

이렇듯 아즈텍과 잉카라는 신대륙의 두 거대하고 강력한 제국을 무너뜨린 것은 바로 스페인인들한테서 비롯된 전염병이었다. 물론 스페인의 강철 검과 갑옷 같은 무기들이 원주민과의 전쟁에서 도움이 되기는 했다. 그러나 아무리 많아봤자 수천 명 내외의 스페인 군사가 무려 1000만이나 되는 인구를 지닌 원주민 모두를 검으로 베어 죽일 수는 없는 일이다. 가장 결정적인 타격이 바로 전염병이었다. 스페인 작가들도 이 사실을 알았다. 이 때문에 "전염병이 퍼질 때마다 스페인 제국의 영토가 넓어졌다. 원주민들이 전염병으로 죽어간 것은 신이 베푼 기적이었다"고 기록하기도 한 것이다.

돌이켜 생각해본다면, 유럽인들에게서 옮은 천연두로 인해 신대륙의 두 제국인 아즈텍과 잉카는 몰락하고 말았다. 그로 인해 인구가 크게 감소한 중남미 원주민은 300년 동안이나 스페인과 포르투갈의 지배를 받아야 했고, 그 과정에서 언어와 종교 같은 문화마저 침략자들에게 빼앗겼다. 천연두가 중남미의 역사를 결정적으로 바꿔놓은 셈이다.

한편 르네상스의 막바지인 1582년, 서부 시베리아의 시비르 칸국을 멸망시키고 시베리아 정복의 첫발을 디딘 러시아는 불과 1세기 만에 광대한 시베리아를 파죽지세로 누비고 다녔다. 그 과정에서 시베리아의 원주민들은 러시아인들이 퍼뜨린 치명적인 선물을 받았으니, 바로 천연두와 인플루엔자 같은 전염병이었다. 중남미의 토착민들처럼 시베리아의 원주민들도 오랫동안 외부 세계와 격리된 상태로 살았기 때문에 외부에서 들어온 전염병에 취약했다. 러시아인들이 시베리아를 휩쓸고 다니며 원주민들과 접촉하자 무서운 속도로 각종 전염병이 원주민 사이에서 퍼져나갔다.

1630년대 무렵 만시족과 한티족, 케트족과 네네츠족 등 시베리아의 원주민 부족들은 천연두에 감염되어 전체 인구의 약 절반이

네네츠족과 에벤키족을 묘사한 그림. 오랫동안 외부 세계와 동떨어져 살았던 시베리아 원주민들에게 러시아인들이 가져온 전염병은 치명적인 재앙이었다.

죽었다. 1650년대에 사하족과 에벤키족의 80퍼센트 및 유카기르족의 절반이 천연두 때문에 사망했다. 1700년대 초반, 캄차카반도의 원주민인 코랴크족과 이텔멘족도 천연두에 걸려 수없이 죽어나갔다. 20세기 초까지 러시아인들에게 맞섰던 용맹한 축치족도 천연두를 이길 수는 없었다.

도저히 막을 수도 도망갈 수도 없었던 무시무시한 전염병의 공포를 직접 겪은 어느 원주민은 이런 회고를 남기기도 했다.

"어두운 안개나 구름 같은 것이 꿈속에서 나한테 다가왔다. 점점 거리가 가까워지자, 그것들은 검은 옷을 입은 사람들이었다. 그래서 내가 '너희들은 왜 왔느냐?'라고 묻자 그들은 '너희를 잡아먹으려고 왔다'고 대답했다. 꿈에서 깨어나자 내 아내와 아이들은 모두 죽어 있었고, 나만 간신히 살아남은 상태였다."

천연두 같은 전염병은 시베리아 원주민 공동체를 치명적으로 파괴했다. 죽어간 사람이 너무 많았고, 간신히 살아남은 사람의 수가 너무나 적어 러시아인들의 지배에 항거할 여력이 부족했다. 결국 러시아인들이 옮긴 전염병은 중남미에서 스페인인들이 그랬던 것처럼, 러시아의 시베리아 지배를 굳건하게 만든 일등공신이 되었다.

6

종교개혁

과연 이성적인 일이었을까?

RENAISSANCE

르네상스 시대를 대표하는 사회적 사건이라고 하면 누구나 마르틴 루터Martin Luther가 외친 종교개혁을 들 것이다. 사치와 부패에 빠진 가톨릭교회를 과감히 비판하고, 새로이 개신교회를 일으킨 루터를 많은 사람이 시대를 앞서간 선각자로 추앙한다. 하지만 종교개혁의 동기에는 그다지 성스럽다고 하기 어려운 요인도 크게 작용했다. 이를 한마디로 요약하자면, 루터를 포함한 많은 유럽인이 교황청에 세금을 내기 싫어 종교개혁을 일으켰다는 지점이다. 세금과 종교개혁이 과연 무슨 상관일까 하고 의문을 품는 분들을 위해 설명을 약간 덧붙이겠다.

가톨릭교회가 지배하고 있던 중세 유럽 시대에는 이상한 금기가 하나 있었다. 서기 9세기부터 로마교황청은 사순절(부활주일 전

40일 동안의 기간. 이때 교인들은 광야에서 금식하고 시험받은 그리스도의 수난을 되살리기 위하여 단식과 속죄를 행한다)에 버터를 막지 말라는 포고령을 내렸다. 이를 어기면 우상숭배나 신성모독보다 더 큰 죄를 짓게 된다는 엄포도 곁들였다.

가톨릭교회가 사순절에 버터를 먹지 말라는 금식령을 내린 이유는 대략 다음과 같다. 사순절에는 예수가 처형된 수난을 기리는 뜻에서 동물의 고기를 먹지 않는데, 버터는 우유로 만든 식품이니 자연히 쇠고기와 연결된다는 점에서였다. 즉 버터 역시 넓은 범주에서 보면 쇠고기라고 할 수 있으니 먹으면 안 된다는 뜻이었다.

이탈리아와 스페인 등지에서는 사순절의 버터 금식이 아무런

가톨릭교회를 비판하며 종교개혁을 이끈 마르틴 루터

거부감 없이 받아들여졌다. 전통적으로 남부 유럽에서는 버터를 미개한 북방 야만인들이 먹는 음식으로 여겨 그다지 좋아하지 않았고, 버터보다 올리브기름을 선호했다.

고대 그리스인들은 북쪽에 살던 트라키아Thracia인을 향해 "버터를 먹어서 냄새가 나는 야만인들"이라고 비웃었다. 로마의 시인 루카누스도 게르만 부족인 부르군트족에 대해 "멀리서도 그들이 오는 것을 알 수 있다. 버터를 머리카락에 바르고 살아서 악취가 풍기니 말이다." 하고 조롱했다.

이러한 역사적인 배경과 아울러 따뜻한 기후가 특징인 남부 유럽은 올리브 재배에 적합하여 버터가 없어도 대용품인 올리브기름을 얼마든지 구할 수 있었다. 반면 북유럽 지역에서는 추운 날씨 탓에 올리브를 기를 수 없어, 사순절에 버터가 아니면 당장 식생활에 쓸 기름을 구하기가 어려웠다. 거기에 게르만 문화의 영향으로 버터를 선호하던 북유럽 지역에서는 교황청의 포고를 선뜻 따르려 하지 않았다. 신성로마제국(독일)과 영국, 프랑스, 덴마크와 스웨덴 같은 북부 지방에서 왕과 귀족들은 사순절에 버터를 먹을 수밖에 없으니 그 죄를 용서해달라며 교황에게 면죄부를 신청하고 돈을 바치는 일이 비일비재했다. 교황청은 면죄부를 발급해주는 대가로 막대한 수익을 챙겼다.

교황청은 이렇게 얻는 돈을 스스로 생각하기에 나름대로 유익한 곳에 썼다. 면죄부의 판매 수익이 기독교의 성지인 예루살렘을 이슬람의 수중으로부터 되찾으려는 십자군 전쟁을 위한 군자금으로 들어갔던 것이다.

면죄부를 팔아
군자금을 마련한 가톨릭교회

1291년 팔레스타인의 아크레가 이집트 군대에 함락되면서 200년 동안 계속된 유럽의 중동 십자군은 실패로 끝났다. 성지 예루살렘이 이슬람 세력인 이집트의 손에 들어갔으며 유럽인들은 자신들의 무력함에 분노와 수치심을 느꼈다.

현대의 관점으로는 십자군을 서구 제국주의의 발단으로 보는 경향이 강하다. 그러나 중세 시대 유럽인들은 그들의 후손들과 달리 비서구권 세계를 정복하고 수익을 챙긴다는 생각이 희박했다. 그들에게 십자군 원정은 구세주가 태어나신 성스러운 땅으로 무장을 하고 떠나는 성지 순례에 가까웠다. 예루살렘과 안티옥, 트리폴리에 세운 십자군 국가들은 기독교 신자들과 성지 예루살렘을

1차 십자군에 참가한 병사들을 그린 기록화

이교도인 무슬림의 침략으로부터 지키기 위한 방어물로 여겼다.

1차 십자군 원정에서 예루살렘을 탈환한 직후, 예수 그리스도가 묻힌 성묘를 지킬 병사 300명을 제외한 십자군 참가자들이 전부 배를 타고 고향인 유럽으로 돌아간 일을 보아도 이를 알 수 있다. 그들에게 제국주의적인 야심이 있었더라면 예루살렘에 남아서 대대로 그곳을 지배했어야 하지 않겠는가?

십자군에 참가한 사람들이 고향에서 가난했거나 상속권을 인정받지 못하는 서자라서 동방으로 떠나 한몫 챙기려 했다는 속설도 사실과는 다르다. 1차 십자군에 참여한 남프랑스의 레몽 백작이나 3차 십자군의 신성로마제국 황제 바르바로사, 잉글랜드 국왕 리처드를 보더라도 맞지 않다. 그들은 당시 유럽에서 부와 권력을 움켜쥔 왕과 제후들이어서 원정으로 오히려 잃을 게 더 많은 신분이었다.

르네상스 시기에 벌어진 유럽인들의 신대륙 침략이야말로 황금에 대한 탐욕으로 가득 찬 제국주의의 본보기였다. 하여간 중세의 유럽인들은 십자군을 정복 전쟁이라기보다는 성지를 찾는 순례로 인식하고 있었다.

이렇게 깊은 신앙심을 가진 가톨릭 신도의 영향으로 로마교황청은 예루살렘을 이슬람에게 빼앗기고 나서도 포기하려 하지 않았다. 역대 로마 교황들은 기회가 있을 때마다 유럽 국가들이 단결하여 예루살렘으로 진격해 무슬림을 몰아내고 성지를 되찾아야 한다고 외쳤다.

14세기 이후 범 유럽 십자군이 결성되기란 쉬운 일이 아니었다. 우선 1차 십자군이 성공한 11세기 말과는 국제정세가 확연히 달랐다. 이슬람 세력이 수십 개의 군소 세력으로 나뉘어 극심한 분열을 겪고 있던 1차 십자군 때와는 달리 이집트의 맘루크 왕조와 터키의 오스만 왕조 등 이슬람 세력은 유럽 국가들과 싸워도 밀리지 않을 만큼 강성해져 있었다.

더구나 대부분의 유럽 국가가 십자군의 대의에는 동의하면서도 왕위 계승이나 영토 문제를 놓고 전쟁을 벌이는 중이었기 때문에 섣불리 연합군을 조직하기가 어려웠다. 십자군에 참가해 주력 부대를 해외로 보냈을 때 그 사이를 틈타 이웃 나라가 쳐들어올지도 모를 일이었다.

하지만 유럽이 기독교로 연결된 끈은 주효했다. 기회가 있을 때마다 잉글랜드, 프랑스, 스페인, 신성로마제국, 베니스 등 주요 유럽 국가가 십자군을 편성해 북아프리카와 동유럽 등지로 이슬람에 맞서는 연합군을 보냈다. 1390년 프랑스와 제노바의 십자군은 북아프리카의 튀니지를 공격했다. 1396년에는 잉글랜드, 프랑스, 스페인, 베니스, 신성로마제국, 헝가리 등이 참가한 십자군이 오스만투르크와 니코폴리스에서 싸웠다.

15세기 이후 이런 십자군의 유용성에 관한 의문이 제기되었다. 아무리 이슬람에 맞서서 십자군을 보내도 이슬람 세력이 약해지기는커녕 더욱 팽창하며 유럽을 위협했기 때문이다. 특히 1453년 비잔티움제국의 수도인 콘스탄티노플을 함락한 오스만제국은 점차 동유럽 깊숙이까지 진격해왔다. 1455년에는 세르비아, 1456년에는 보스니아, 1479년에는 알바니아가 오스만제국에 점령되었다. 1480년에는 이탈리아 남부 오틀란토에 투르크 군대가 상륙하여 이탈리아 본토마저 오스만의 침공권에 들어갔다.

날로 가중되는 오스만의 위협에 맞서 기독교권을 대표하는 입장에 있던 교황청으로서는 전쟁 자금이 절실했다. 십일조나 면죄부 판매를 통해 더 많은 돈을 충당할 수밖에 없었다. 하지만 점점 늘어나는 세금에 대한 반발감도 비례하여 커져만 갔다. 신성로마제국 치하의 독일 지역은 교황청이 매기는 세금에 대한 반발이 거셌다. 독일인은 게르만족의 후예답게 버터를 좋아했는데 교황청은 사순절 기간에 버터를 먹는 행위를 허용하는 대가로 바치는 세금을 계속 올렸기 때문이다. 식탁에서 버터를 먹을 때마다 머나먼 교황청으로 비싼 세금을 보내야 한다는 사실에 독일인들은 부아가 치밀었다.

1520년, 마침내 버터 금식령에 대한 분노가 폭발했다. 독일의 종교개혁자 마르틴 루터는 유명한 선언서인 〈독일의 기독교 귀족들에게 보내는 연설Anden Christiichen Adei deutscher Nation〉에서 교황청의 버터 금식령을 강도 높게 비판했다.

"사순절 이전에 버터를 먹는다고 대체 무슨 죄가 된다는 것입니까? 로마교황청의 버터 금식령은 성경 어디에도 그 근거가 없는

면죄부

DISPVTATIO. DE VIRTVTE INDVLGEN.

AMORE ET STVDIO ELVCIDANDAE
ueritatis hec subscripta disputabunt Vuittenbergæ, Præsidête
R. P. Martino Luther, Artiû & S. Theologiæ Magiſtro, eiuſ
demq ibidem lectore Ordinario. Quare petit ut qui non poſ
ſunt uerbis præsentes nobiscum disceptare, agant id literis ab
ſentes. In nomine domini noſtri Ieſu Chriſti. Amen.

95개조 반박문

허황된 말일 뿐입니다. 버터를 먹는 것이 죄라면, 올리브기름이나 치즈를 먹는 것도 죄가 되지 않겠습니까? 더구나 로마교황청의 행태를 보십시오. 그들은 부유한 왕족과 귀족들에게 사순절까지 버터를 먹어도 된다는 면죄부를 발급해주는 대가로 막대한 돈을 모으고 있습니다. 이런 교회의 썩어빠진 현실을 바로 잡지 않는다면 예수 그리스도의 복음이 무슨 소용이 있겠습니까?"

버터 금식령을 반대하고 나선 루터의 외침은 순식간에 북유럽 국가로 퍼져나갔다. 덴마크와 스웨덴을 비롯한 스칸디나비아의 나라들은 루터의 말을 따라 가톨릭교회와 단절하고 그가 창설한 개신교를 믿겠다고 선언했다. 네덜란드와 독일 북부에서는 성난 군중이 가톨릭교회로 몰려가 불을 지르는 사고가 빈발했다. 물론 그 자리에도 개신교 교회가 들어섰다. 루터의 종교개혁과는 다른 취지이긴 했으나 영국에서도 가톨릭교회가 밀려나고 국왕 헨리 8세가 정초한 성공회가 들어섰다.

루터가 발표한 선언문에 북유럽 국가들이 동조한 이유는 앞서 언급한 대로 버터 금식령을 핑계로 터무니없는 세금을 거두어가던 로마교황청에 대한 뿌리 깊은 불만 때문이었다. 종교개혁의 시초는 이렇듯 일정 부분 돈 문제에서 비롯했다.

마르틴 루터는 가톨릭교회의 부패와 비리를 비판하는 95개조 반박문을 독일 비텐베르크 성에 있는 만인성자교회의 문에 붙였다.

농민들의 절규를
외면한 루터

버터 금식령 이외에도 루터는 가톨릭교회를 공격하는 데 열심이었다. 그는 당시 교황인 레오 10세Leo X가 로마에 거대한 규모의 성베드로 성당을 짓는데, 일반 신도에게 면죄부를 팔아 얻은 돈으로 공사 자금을 충당하는 일을 비판했다.

"성당을 지으려면 교황 스스로의 돈으로 지을 것이지, 왜 신도들에게서 돈을 받는가? 면죄부를 판다고 해서 신도가 지은 죄가 용서받겠는가? 우리의 죄를 용서해주는 존재는 예수 그리스도이지 교황이 아니다!"

당시 유럽의 최고 권력층인 교황을 비판한 일을 두고 개신교에서는 루터가 시대를 대표하는 탁월한 개혁가이자 억압받던 민중

면죄부를 팔아 돈을 챙기는 가톨릭교회의 모습을 풍자한 기록화

에게 구원의 손길을 내민 영웅이었다고 칭송한다. 일제강점기 소설가인 심훈도 《상록수》에서 마르틴 루터를 열렬히 찬양했다. 과연 루터는 실제로 민중의 편이었을까?

루터가 외친 반가톨릭과 종교개혁의 목소리에 가장 먼저 호응한 이들은 독일의 농민들이었다. 성직자와 귀족들에게 무거운 세금을 뜯기고 억압받으며 살던 농민들은 루터가 일으킨 가톨릭교회의 부패를 성토하는 비판 여론에 공감하여 무기를 들고 귀족들에 맞서 봉기했다. 역사가들은 이를 가리켜 독일 농민전쟁The German Peasant's War(1524~1526)이라고 부른다.

농민들이 봉기하자 진보적인 성직자들은 농민전쟁에 참가해 자신들이 꿈꾸던 이상적인 사회를 만들고자 시도했다. 대표적인 인물이 토마스 뮌처Thomas Mützer였다. 그는 루터가 가톨릭교회를 비판한 것에서 한 발 더 나아가 신분질서를 없애버리고 모든 사람이 신 앞에서 평등한 유토피아를 세우고자 했다.

그런데 농민전쟁을 바라보는 루터의 시각은 싸늘했다. 그는 농민들이 봉기한 심정은 이해하지만, 폭력을 쓰는 과격한 행동을 해서는 안 된다며 멀찍이 서서 방관하는 자세를 보였다.

전쟁이 장기화하면서 과격해진 농민들이 부유한 귀족과 교회를 습격해 재산을 약탈하자 루터는 농민전쟁에 대해 강경한 반대 입

지배층인 귀족과 피지배층인 평민이라는 신분제도 자체를 부정하고, 만민 평등을 주장했던 개혁가 토마스 뮌처. 그의 주장은 억압받던 농민들에게 큰 호응을 얻어 독일 농민전쟁이 일어나는 계기가 되었다.

장으로 돌아선다. 그는 제후들에게 봉기한 농노들을 가리켜 "저 미친개들을 모두 죽이시오! 저들은 사회의 질서를 어지럽히는 폭도들이오!" 하고 매도하면서 무력으로 진압하도록 촉구했다.

루터의 격려에 봉건영주들은 신이 나서 용병들을 고용해 농민들을 짐승처럼 마구잡이로 학살했다. 농민들은 루터가 나서서 도와주기를 바랐지만, 루터는 끝내 그들을 외면했다.

루터는 왜 농민의 편을 들어주지 않았을까? 여기에는 몇 가지 이유가 있다.

첫째, 루터 본인이 농민의 계급 철폐와 신분 해방 투쟁에 그다지 호의적이지 않았다는 점이다. 비록 가톨릭교회에 반기를 들기는 했지만, 루터는 성직자와 귀족과 농민이라는 봉건 질서 자체를 완전히 타파할 생각은 없었다. 급격한 사회 변화는 무질서와 혼란을 초래하여 올바른 신앙을 정립하려는 그의 계획을 망친다고 여겼던 것이다.

둘째, 농민전쟁이 벌어질 무렵 루터는 교황과 신성로마제국 황제의 위협을 피해 독일 내의 부유한 제후들의 도움을 받아 은신해 있는 상태였다. 그가 무사히 성경을 독일어로 번역하고 생계를 유

독일 농민전쟁을 묘사한 기록화. 농민들은 잘 무장한 귀족들에게 철저하게 학살당했다.

지할 수 있었던 배경도 귀족 제후들의 도움 덕분이었다. 그런 처지에서 루터가 귀족들의 재산을 약탈하고 그들에게 싸움을 거는 농민의 봉기를 어떻게 보았을까? 자신을 후원하는 귀족들의 눈치를 살펴야 했을 테니 응당 무장 농민들을 적대시하지 않았겠는가?

셋째, 루터는 성경의 "권세는 하나님께로 나지 않음이 없나니 모든 권세는 다 하나님의 정하신 바라"는 구절대로 사회의 기존 질서를 옹호하고 있었다. 그런 루터가 무기를 들고 봉기한 농민들의 행동에 호의를 느낄 리가 없었다.

이러한 이유로 루터는 신분 해방을 열망하던 독일 농민들을 외면했다. 이런 그를 과연 민중을 위한 지도자였다고 볼 수 있을까? 난감할 뿐이다.

종교개혁과 궤를 같이한 종파 분열

가톨릭교회가 르네상스 시기에 죄 없는 여자들을 마녀로 몰아 억울하게 죽이는 일이 잦았다고 욕하는 이가 많다. 틀린 말이 아니다. 그런데 개신교도 가톨릭교회 못지않게 마녀사냥을 벌이는 데 매우 열렬한 태도를 보였다. 유럽에서 멀리 떠나 미국에 정착한 청교도들도 17~18세기 내내 마녀를 골라 화형에 처하느라 열심이었다.

이런 어두운 역사를 감안한다면 종교개혁을 세련된 이성의 산물로 해석하기에는 무리가 있지 않을까? 역사를 뒤바꾼 종교개혁의 이면에 마녀사냥 못지않게 개신교단이 열렬히 추진한 사업이 또 있었으니, 이단 사냥과 문화 억압이 바로 그것이다.

한 명의 교황 아래 일사불란하게 단결한 가톨릭에 비해 개신교는 수많은 종파로 분열되어 있었다. 이는 개신교를 주창한 루터 자신이 "모든 허례허식을 버리고 오직 성경만을 따라야 한다"고 말한 결과였다. 즉 개신교의 교의는 성경을 어떻게 해석하느냐에 따라서 얼마든지 갈릴 수 있는 것이다.

르네상스의 끝 무렵인 16세기 말에 이르면 유럽 전역에 루터의 가르침을 신봉하는 루터파와 그보다 나중에 들어선 칼뱅을 신봉하는 칼뱅파, 잉글랜드의 독자적인 교회인 성공회와 이에 반하여 생긴 청교도(퓨리턴), 스코틀랜드의 장로회, 프랑스의 위그노, 네덜란드에서 퍼진 침례교 등 수많은 개신교 교파가 생겨났다.

그런데 이런 개신교 종파들이 각자 자기만이 진짜 기독교고 나머지는 사이비에 이단이라고 공격하는 황당한 일이 벌어지기 시작했다. 잉글랜드에서는 성공회가 가톨릭은 물론, 1658년 청교도 권력자인 올리버 크롬웰이 죽자 청교도마저 핍박하여 신대륙(오늘날의 미국)으로 추방했고, 네덜란드와 스위스에서는 루터파를 밀어내고 칼뱅파가 득세했다. 반대로 덴마크와 스웨덴 등 북유럽에서는 루터파가 맹위를 떨치며 칼뱅파를 배척했다.

이단 사냥 못지않게 개신교 교파들은 문화 탄압에도 열심이었다. 국왕 찰스 1세를 처형하고 영국을 통치한 올리버 크롬웰은 열렬한 청교도 신도였다. 그는 온 나라를 교회처럼 만들고자 했다. 노래와 음악, 춤, 회화 등 모든 예술 분야에서 오직 종교적인 것들만이 허용되었다. 개인의 자유로운 감정을 표현한 예술을 철저히

영국을 통치했던 올리버 크롬웰. 그의 통치는 지나치게 엄격하고 개신교적이어서 많은 영국인의 불만을 샀다.

탄압했을 뿐 아니라 극장도 모두 폐쇄했다.

크롬웰은 심지어 국민이 쓰는 언어마저도 종교에 꿰맞추려고 했다. 유대인이 쓰던 히브리어를 영어를 대신한 새로운 공용어로 채택하려는 정책을 시도할 정도였다. 크롬웰을 두려워하던 의원들이 그의 비위를 맞추려 앞 다투어 찬성표를 던지다 보니 고작 4표 차이로 부결되었다고 한다. 만약 그때 크롬웰의 의도대로 히브리어가 공용어로 채택되었더라면 지금 우리는 영어가 아니라 그보다 더 어려운 언어를 배우느라 머리를 쥐어짜고 있을지도 모를 일이다.

문화·예술을 대하는 개신교의 태도는 르네상스 때나 지금이나 크게 다르지 않은 듯하다. 미국과 한국 등 개신교가 활발히 활동하는 국가의 교회에서 문화를 바라보는 기준은 성경에 맞추어져 있다. 성경에 어긋나는 것이면 모두 나쁘고 악마의 것이라고 매도하기 일쑤다. 특히 오직 성경과 자기 종파의 가르침만이 옳다는 신념에 사로잡힌 일부 한국의 개신교가 문화·예술을 보는 시각은 어이가 없을 정도다.

한때 《낮은 울타리》라는 개신교 잡지는 허무맹랑한 기사를 내기로 유명했다. 구약성경에서 신이 서로 다른 것을 섞지 말라고 한 구절을 근거로 들며 여러 재료를 섞어 만드는 김밥, 비빔밥, 피자

등을 성경에 어긋나는 나쁜 음식이라는 내용의 기사를 실을 정도였다. 먹는 음식에까지 악마성의 잣대를 들이대는 그들의 상상력이 정말 놀라웠다.

사회 전반을 종교에 맞춰 조종하려는 제정일치祭政一致의 사회를 과연 이성적이라고 할 수 있을까? 7세기에 정립된 이슬람 교리를 맹목적으로 신봉하며 국민을 억압하는 사우디 왕가나 아프가니스탄의 탈레반을 이성적이라고 볼 수 있을지 의문이다.

부는 과연
신의 축복인가

오늘날 세계에서 가장 열렬한 개신교 국가는 미국이다. 미국은 공식적으로는 국교를 인정하지 않지만, 그럼에도 사실상 개신교가 국교나 마찬가지다. 대통령은 취임식에서 반드시 성경에 손을 대고 맹세해야 한다. 미국의 1달러 지폐에 "우리는 신을 믿는다"는 문구가 새겨져 있을 정도다.

이런 미국인들은 부富나 부자를 나쁘게 보지 않는다. 오히려 열심히 노력해서 신의 축복을 받아 성공했다고 영웅시한다. 그런 이유로 미국인들은 개인이 쌓은 재산은 신 이외에는 누구도 침범할수 없는 신성한 권리라고 믿는다. 이런 독특한 믿음 때문에 미국인들은 정부에 세금을 내는 데 극도로 신경질적인 반응을 보인다. 정부가 왜 개인의 신성한 권리인 재산을 세금이라는 이름으로 빼앗아 가느냐는 것이다.

2009년 금융위기를 맞아 미국 경제가 휘청거리고 미국 정부는 사상 초유의 빚더미에 올라 있는데도 미국인들은 지각 있는 부호들을 제외하면 국민의 절대다수가 세금을 못 내겠다고 아우성이다. 적자에 허덕이는 정부 재정을 위해 증세를 하겠다고 나선 오바마 대통령도 세금 내기 싫다는 국민의 원성에 못 이겨 2012년까지 감세를 연장하고 말았다.

사실 예수 그리스도의 가르침 중 대부분은 세속적인 개신교도들이 아는 것처럼 개인이 돈을 마음껏 버는 것이 신의 축복이라는 말과는 반대로 공산주의나 사회주의적인 내용에 더 가깝다.

개신교보다도 먼저 가톨릭교회의 부패를 비판했던 많은 수도원은 성경의 가르침에 따라 '청빈'을 엄격히 추구하며 살았다. 13세기 중엽 살아 있는 성자라고 칭송받은 수도사 성프란시스코는 부유한 집안의 아들로 태어났으나 모든 재산을 가난한 사람들에게 나눠주고 평생을 청빈과 겸손함을 추구하며 살았다.

그런데 교황이 면죄부를 팔아 돈을 번다고, 교황청이 호화로운 성당을 짓고 사치를 부린다고 비난하던 개신교가 정작 자기 신도를 대상으로는 부유함을 신의 축복으로 가르치고 있으니 참으로 난감할 뿐이다.

이런 교리는 과연 누가 처음 주장했을까? 프랑스 출신의 종교개혁가 장 칼뱅은 스위스의 상공업자들을 대상으로 포교하면서 성경의 달란트 예화의 내용을 끄집어내어 새로운 교리를 만들었다. 열심히 일해 돈을 벌면 죄악이 아니라 신의 축복이라는 요지였다.

돈 버는 일이 죄가 아닌 신의 축복이라는 새로운 교리를 만든 장 칼뱅. 그는 신정일치를 확립하기 위해 시민을 엄격한 규율로 통제했다.

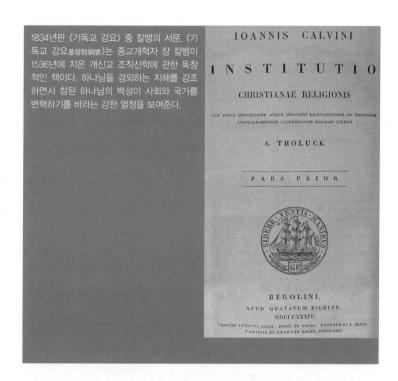

1834년판 《기독교 강요》 중 칼뱅의 서문. 《기독교 강요基督敎綱要》는 종교개혁자 장 칼뱅이 1536년에 지은 개신교 조직신학에 관한 독창적인 책이다. 하나님을 경외하는 지혜를 강조하면서 참된 하나님의 백성이 사회와 국가를 변혁하기를 바라는 강한 열정을 보여준다.

IOANNIS CALVINI

INSTITUTIO

CHRISTIANAE RELIGIONIS

CUM BREVI ANNOTATIONE ATQUE INDICIBUS LOCUPLETISSIMIS AD EDITIONEM
AMSTELODAMENSEM ACCURATISSIME EXSCRIBI CURAVIT

A. THOLUCK.

PARS PRIOR.

BEROLINI,
APUD GUSTAVUM EICHLER.
MDCCCXXXIV.
VENDUNT LONDINI BLACK, YOUNG ET YOUNG, EDINBURGI A. BLACK
PARISIIS ET GENEVAE KILER, CHERBULIEZ.

그렇다면 "재물과 하나님을 함께 섬길 수 없다" "네가 가진 모든 것을 팔아 가난한 이웃에게 나눠주지 않으면 결코 천국에 들어가지 못한다"고 말한 예수 그리스도의 가르침은 과연 어떻게 이해해야 할까?

종교적 맹신과 이성은
공존할 수 없다

애초에 개신교는 로마 교황이 걷는 세금에 대한 반발로 탄생한 집단이었다. 흔히 사람들은 종교개혁이 이성에서 비롯했다고 생각하지만, 경전의 구절을 맹목적으로 추종하며 그것에만 얽매여 살기를 강요하는 오늘날 많은 개신교 종파의 모습이 과연 이성적인지 돌아봐야 한다.

인간의 이성적 능력은 현실을 비판적으로 분석하는 사고에서 비롯한다. 그런데 과거 역사 속에 드러난 개신교도들의 행동은 이성적이지 않을 때가 잦았다. 신대륙에서 감자가 들어왔을 때 유럽의 개신교도들은 성경에 없는 식물이라는 이유로 먹어야 할지 말아야 할지를 거의 200년간 고민할 정도였다.

오늘날 미국에서는 교과서에 창조론을 넣어서 진화론과 똑같이 가르쳐야 한다는 목소리가 자꾸 나오고 있다. 기독교 근본주의자들 때문이다. 하지만 '자비로운 살인'이나 '현명한 바보'라는 표현이 말이 되지 않는 것처럼 '이성적인 종교'라든지 '이성으로 인한 종교개혁'이라는 문구 자체가 애초에 존재할 수 없는 모순이라고 나는 생각한다.

종교개혁의 시초가 된 루터는 이런 말을 남겼다. "믿음은 모든 이성과 의문을 깔아뭉개야 한다." 이 말의 어디가 이성의 산물이란 말인가!

1541년부터 1545년까지 4년 동안 스위스 제네바를 다스렸던 칼뱅은 도시 전체에 엄격하다 못해 비인간적인 종교 율법을 적용했다. 그가 제네바를 지배하는 동안, 수많은 시민이 종교재판을 받고 감옥에 갇히거나 목숨을 잃었다. 그런데 그 이유를 보면 하나같이 우습다 못해 황당할 지경이다.

길거리에서 술에 취해 노래를 부르거나 음악을 연주하면 감옥에 갇혔다. 도박을 해도 감옥에 갇혔다. 매주 일요일에 열리는 예배에서 졸아도 감옥에 갇혔다. 칼뱅의 설교를 비판해도 역시 감옥에 갇혔다. 종교 행사가 열리는 날에 술을 마시거나 춤을 추거나 노래를 부르면 참석자 전원이 감옥에 가서 사흘 동안이나 굶어야 했다.

종교적 율법을 엄격히 지킨다 한들 칼뱅의 심사를 거스르면 무사하지 못했다. 유명한 신학자 미카엘 세르베투스Michael Servetus는 기독교의 삼위일체설을 부정했다가, 칼뱅의 노여움을 사서 화형을 당했다. 다른 신학자인 쿠르트와 베르테르도 칼뱅의 교리를 비판했다가 교수형에 처해졌다.

미카엘 세르베투스. 《삼위일체론의 오류De Trinitatis erroribus libri vii》(1531)라는 책을 출간했으나 종교개혁 시대에 삼위일체 교리를 반대했다는 이유로 로마교회와 개신교회로부터 정죄 받고 1553년 10월 27일, 제네바 시의회에 의해 산 채로 화형당했다.

이런 식으로 칼뱅의 치하에서 죽은 사람이 58명이며, 추방된 사람은 76명이었다. 감옥에 갇혔던 사람은 셀 수도 없다. 인간의 생명보다 종교적 계율을 더 중요하게 여기는 처사는, 그야말로 이성을 잃은 종교적 광신에 불과할 뿐이다.

제국주의의
앞잡이가 된 종교

2000년대 중반부터 한국 사회에서는 '개독교'라는 말이 떠돌았다.

개독교는 '개 같은 기독교'라는 표현의 줄임말인데, 그만큼 21세기 들어 한국의 기독교가 국민들로부터 심각할 정도의 크나큰 반감을 사고 있는 대상으로 전락했다는 뜻이다.

왜 한국에서 기독교는 '개독교'가 되었을까? 이유는 여러 가지인데, 그중 큰 이유는 기독교가 다른 종교나 문화를 폄하고 멸시하면서 비기독교 신자들로부터 반발을 샀기 때문이다. 한국의 기독교 목사들이 불교 사찰에 들어가 부처를 욕하는 낙서를 하거나 불상을 부수는 일이 있었다. 또한 한국의 전통 신앙인 무속에 대해 지옥에 떨어질 우상숭배라며 욕설을 퍼붓거나, 하늘에 제사를 지내는 제단의 돌을 들어내 버리거나, 신문에 불교를 욕하는 내용의 전면 광고를 싣거나, 절들이 모두 무너지게 해달라는 기도회를 열거나 하는 식으로 그동안 한국의 일부 기독교 교단이 다른 종교를 모독하는 말과 행동을 무수히 해왔던 것이다.

한국 기독교의 독선적이고 배타적인 신앙관에 많은 사람이 환멸을 느끼고, 그중 일부는 "서구 선진국의 기독교는 이런 일이 없다. 한국 기독교만 이러니, 문제다"라며 자조적인 말을 하기도 한다. 하지만 이 말은 옳지 않다. 한국 기독교가 다른 종교를 공격적으로 대하는 태도는 사실 '서구 선진국'의 근본주의 기독교 교단들의 행태를 '제대로' 계승한 것이기 때문이다. 그리고 서구의 기독교 역사를 봐도 불과 20세기 초까지만 해도 제3세계의 다른 종교들을 어마어마하게 탄압하고 박해한 사실을 확인할 수 있다.

이렇게 말하면 어떤 사람은 이런 의문을 제기할지도 모른다. "성경에는 이웃을 사랑하라고 적혀 있는데, 다른 종교를 박해하는 일은 잘못된 것이 아닌가?" 하지만 성경에는 유일신 야훼의 이름으로 다른 종교를 탄압하고 박해하는 일을 정당화하는 내용도 많다. 모세는 이스라엘 백성이 섬기던 황금 송아지를 파괴하면서 "너희는 그들(이스라엘이 아닌 이방인들)의 신들에게 엎드려서 절을 하거나 섬기지 말고, (이방인들의) 신상들을 다 부수고, 그들이 신성하게 여기던 돌기둥들을 깨뜨려버려라. (출애굽기 23장 24절)" "다른 신들을 믿는 자들은 가족이라도 용서하지 말고 죽여라"고 가르쳤으

금송아지 상을 파괴하는 모세. 야훼가 아닌 다른 신을 믿으면 가족이라도 용서하지 말고 죽이라는 배타적 신관은 기독교의 핵심 교리 중 하나다.

며, 이스라엘의 판관이었던 기드온이 바알과 아세라 같은 다른 신들을 묘사한 신상들을 파괴한 일을 가리켜 야훼가 기뻐했다고 묘사되어 있기도 하다.

그러니 성경을 문자적으로만 해석하여 가치판단의 기준으로 삼는 일부 기독교적 시각으로 본다면, 기독교인이 다른 종교의 상징물이나 사원을 훼손하는 일은 잘못된 일이 아니다. 그들이 생각하는 기독교적인 원리원칙에 딱 맞는 일이라고 본다.

그렇다면 우리보다 훨씬 일찍 기독교를 믿고 또 성경에서 가르치는 대로 철저하게 따르고자 했던 서구인들은 과연 다른 문화권의 종교들을 어떻게 대했을까? 16세기 스페인과 러시아, 두 나라가 한 일을 예로 들어보겠다.

르네상스가 한창이던 16세기 초인 1519년 2월, 지금의 멕시코 동부인 유카탄 해안에 에르난 코르테스가 이끄는 600명의 병사와 11마리의 말로 구성된 스페인 군대가 상륙했다. 코르테스가 지휘하는 스페인 군대는 여러 원주민과 싸워 그들을 굴복시키고, 아즈텍의 수도인 테노치티틀란까지 진군했다. 낯선 이방인인 스페인 군대가 온다는 소식을 접한 아즈텍의 황제, 목테수마 2세는 호기심에 이끌려 직접 신하와 하인들을 거느리고 나아가 코르테스를 맞았다. 코르테스와 만난 목테수마 2세는 그와 스페인 병사들을

손님으로 대우하고 그들을 테노치티틀란의 중심부인 궁전까지 초
대하여 연일 성대한 잔치를 베풀었다.

그러나 환대하는 목테수마 2세에게 코르테스는 매우 무례하게
굴었다. 그는 목테수마 2세에게 "당신네 아즈텍인들이 믿는 신들
은 모두 신이 아닌, 사악한 마귀이자 우상에 불과하다. 그러니 그
따위 잡다한 우상들은 버리고, 진정한 신인 하느님과 예수를 믿으
라"고 강요했다. 그러자 목테수마 2세는 코르테스의 말에 불쾌감
을 느끼고 이런 대답을 했다.

"당신이 믿는 종교에 관한 이야기는 내가 보낸 사절들을 통해서 들
었소. 물론 당신의 신도 좋은 신이겠지요. 그러나 나와 아즈텍 백
성들은 이미 믿는 신들이 있고, 그들도 우리에게 은혜를 베푸는 좋
은 신들이오. 그러니 우리의 신들이 마귀니까 버려야 한다는 식의
신성모독적인 말들은 하지 마시오."

하지만 코르테스는 목테수마 2세에게 기독교 신앙을 강요하기
를 포기하지 않았다. 그는 마침내 아즈텍의 신인 테스카틀리포카
를 섬긴 신전에 예수의 어머니인 성모 마리아의 석상을 세우고 테
스카틀리포카의 상을 모조리 철거했다. 그러자 아즈텍인들은 스

아즈텍인들이 숭배했던 전쟁과 태양의 신인 테스카틀리포카

페인인들이 저지른 신성모독적인 행위에 분개하여 그들을 증오하게 되었다.

이런 상황에서 코르테스의 부관인 알바라도가 테스카틀리포카를 숭배하는 축제에 참여한 아즈텍인들을 대상으로 무자비한 학살을 저지르자, 더는 스페인인들의 횡포를 참지 못한 아즈텍인들이 무기를 들고 봉기했다. 그러고는 스페인인들을 끌어들여 재앙을 일으킨 목테수마 2세에게 책임을 물어 그를 죽이고 새로운 황제로 시틀라왁을 추대하여 스페인인들과의 전쟁에 돌입했다.

하지만 코르테스와 동맹을 맺은 틀락스칼라 부족은 스페인군과 연합하여 아즈텍을 공격했으며, 설상가상으로 코르테스가 테노치티틀란을 둘러싼 호수 위에 대포를 탑재한 전함을 띄워 포격을 퍼붓는 전술을 구사하여 아즈텍을 위기로 내몰았다. 스페인군이 도시 전체를 철저히 포위하여 식량 공급선을 끊자 수많은 아즈텍인이 굶주림에 시달리며 죽어갔다. 더 견디지 못한 제11대 황제 쿠아우테목은 코르테스에게 항복하게 되고, 1521년 아즈텍 제국은 마침내 스페인의 손에 의해 멸망하고 말았다.

아즈텍을 완전히 정복한 스페인인들은 살아남은 아즈텍인들에게 자신들이 가져온 기독교를 믿으라고 강요하는 선교 사업을 벌였다. 테스카틀리포카를 비롯하여 아즈텍인들이 숭배했던 신들을 섬긴 신전들은 모두 기독교 교회로 개조되었다.

하지만 아즈텍인들은 자신들의 신앙을 쉽게 버리지 않았다. 스페인인들의 눈을 피해서, 집 안에 몰래 아즈텍 신들의 상을 숨기고 은밀히 숭배하는 일이 다반사였다. 그러자 스페인의 기독교 성직자들은 아즈텍인들의 집을 검사해서 아즈텍 신상을 찾아내어 부수는 일을 추진하면서 그들을 한층 억압했다.

외래 신앙인 기독교를 강요하는 스페인인들과 이에 맞서 전통 신앙을 수호하려는 아즈텍인들 사이에서 종교 논쟁이 벌어지기도 했다. 1524년, 아즈텍 제국의 수도였던 테노치티틀란에서 아즈텍 성직자들은 스페인에서 온 프란체스코회 수사 12명과 서로의 종교를 두고서 신학적인 토론을 벌였다. 수사들이 아즈텍 성직자들에게 "당신들 아즈텍인들이 믿었던 신들은 모두 사악한 악마고, 오직 기독교의 하느님만이 진정한 신이다. 그러니 아즈텍 신들을 버리고 기독교만을 믿으라"고 말하자 아즈텍 성직자들은 이렇게 반박했다.

"당신들은 우리가 섬기는 신들이 사악한 마귀라고 하는데, 난생 처음 듣는 말입니다. 우리의 선조들은 우리의 신들을 믿으면서 인생의 진리를 깨달았고, 신들이 주는 음식과 물을 먹으며 행복하게 살았습니다. 그리고 신들을 섬기면서 하늘의 별들이 어떻게 움직이고 시간과 날짜가 흐름을 알았습니다. 그런데 왜 우리에게 은혜를 베풀었던 고마운 신들을 버려야 한다는 말입니까?"

덧붙여 아즈텍 성직자들은 스페인 수사들에게 하소연했다.

"당신들은 이미 우리나라를 멸망시켰고, 땅을 빼앗았습니다. 이만하면 충분하지 않습니까? 더 이상 우리에게 당신들의 방식을 강요하지 마십시오."

하지만 프란체스코회 수사와 기독교 교회는 계속해서 아즈텍인들에게 기독교 신앙을 믿으라고 강요했다. 이에 아즈텍인들의 불만은 점점 커져갔고, 급기야 1533년 스스로를 마법사와 예언자라고 자처하는 '믹스코아틀'과 '오셀로틀'이 나타나서 기독교를 이렇게 비난했다.

"저 기독교 성직자들은 거짓말을 하고 있다! 저자들이 하는 말을 믿고 우리의 신들을 버려서는 안 된다. 우리 조상들은 저런 성직자들을 전혀 몰랐지만, 신들을 잘 섬겨서 행복한 삶을 살았다. 저자들이 말하는 신을 누가 단 한 번이라도 보기나 했는가? 저들은 우리의 신들을 악마라고 비난하지만, 오히려 저 기독교 성직자들이야말로 세상의 종말에 나타난 악마들이다!"

그러자 1537년 스페인 이단 심문소는 기독교를 거부하고 아즈텍 전통 신앙을 되살리려고 했던 믹스코아틀과 오셀로틀을 붙잡아서 화형에 처하고, 그들을 믿고 따르는 추종자들을 혹독하게 탄압했다. 또한 아즈텍인들이 숨겨두고 몰래 믿었던 신들의 우상들도 찾아내서 파괴하고, 그들에게 기독교를 믿으라고 더욱 엄격하게 강요했다. 이를 어기는 자에게는 사형까지 내리면서 폭력으로 기독교 선교를 밀어붙였다. 결국 아즈텍인들은 스페인인들의 강요에 못 이겨, 어쩔 수 없이 수백 년간 믿어오던 전통 신앙을 버리고 침략자의 종교인 기독교를 받아들여야 했다.

다음은 러시아의 경우다. 1582년 시비르 칸국이 러시아에 멸망당한 이후, 러시아인들은 광대한 시베리아를 파죽지세로 휩쓸고 정복해나갔다. 그러는 동안 수많은 시베리아의 원주민이 러시아의 지배하에 들어왔다. 타타르족처럼 이슬람교를 믿는 부족도 있었지만, 대부분의 시베리아 부족은 자연 속에 사는 신들과 그들의 중재자인 무당으로 대표되는 샤머니즘을 믿었다.

시베리아의 원주민 중 하나인 에벤키족의 샤먼을 묘사한 그림

러시아인들은 시베리아 원주민들이 믿는 신앙을 하찮고 미개하게 여기면서 자신들이 믿는 러시아 정교회(동방 기독교의 일파)만이 유일하고 올바른 종교라고 생각했다. 그리하여 1710년 러시아 황제 표트르 1세는 시베리아의 모든 원주민이 러시아 정교로 개종해야만 하며, 이를 거부하는 부족민은 모두 사형에 처한다는 포고문을 발표하기에 이른다. 그에 따라 시베리아 각지로 파견된 러시아 관리들은 원주민들이 섬기던 우상과 희생제단을 모두 불태우고 원주민들에게 강제로 러시아 정교 신앙을 믿으라고 강요했다. 실베스트르Silvestr 대주교는 타타르족 사람들을 구타하고 감금하면서 이슬람교를 버리고 러시아 정교회를 믿으라고 협박했다. 1745년 캄차카 반도의 원주민들인 이텔멘족과 코략족을 개종시키기 위해 파견된 호툰체프스키 대수도원장은 원주민들의 신앙을 금지하고 어기는 부족민들에게는 채찍질의 벌을 내렸다. 1756년 중국 청나라에게 멸망당한 중가르족 중 상당수가 청나라를 피해 러시아 영토인 시베리아로 피신했는데, 러시아인들은 중가르족에게 그들이 원래 믿던 불교 신앙을 버리고 러시아 정교회로 개종해야만 받아주겠다고 으름장을 놓았다. 그리고는 이를 거부하는 중가르족이 소유한 물건을 모두 빼앗은 다음 청나라로 돌려보내 버렸다.

러시아인들의 기독교 강요에 대해 원주민들의 반응은 두 가지로 갈렸다. 전통 신앙을 지키기 위해 목숨을 걸고 저항하거나 아니면 기독교를 믿는 척하면서 몰래 전통 신앙을 계속 믿는 것이었다. 1717년 만시족은 기독교 개종을 강요하던 러시아인 관리를 죽이고 저항하다가 러시아 정부의 혹독한 처벌을 받게 된다. 한편 러시아의 지배에 순응한 사하족은 형식적으로는 러시아인들이 원하는 대로 기독교로 개종했지만, 그들의 눈을 피해 몰래 전통 신앙을 계속 믿었다.

추코트카 반도에 사는 축치족 같은 경우는 사는 곳이 러시아인들도 오기 힘든 워낙 외진 변방이어서 기독교 개종 요구가 그리 심하지 않았던 데다가, 축치족 사람들 자체가 기독교에 흥미를 느끼지 않아 전통 신앙을 고집했다. 1880년대 어느 축치족 샤먼(무당)은 러시아 정교로 개종하라는 요구에 이렇게 대답했다.

"당신네 러시아인들은 러시아식 종교가 있고, 우리 축치족에게는 축치족식 종교가 있소. 그러니 당신들은 러시아식으로 신을 믿으시오. 우리는 축치족식으로 신을 믿을 것이오. 나는 우리의 관습에 따라 사람답게 죽고 싶소."

강경한 입장을 견지한 축치족 같은 경우를 제외한다면, 대부분의 시베리아 원주민은 진심이든 아니든 러시아인들의 요구대로 러시아 정교를 믿거나 믿는 척이라고 해야 했다. 그렇지 않고 자신들의 신앙을 지키겠다고 노골적으로 말했다가는 러시아 정부로부터 가혹한 처벌을 받았다.

사랑과 평화의 종교로 알려진 기독교가 서구 제국주의의 앞잡이가 되어 비서구권에서 토착 신앙과 문화를 파괴하고 훼손하는 데 큰 역할을 했다는 사실에 당혹스러워할 독자들도 있을 것이다. 하지만 기독교 자체가 유일신 신앙이라는 배타적인 신관에서 출발한 종교였고, 정치에 부역한 기독교 역사의 문제점을 감안한다면, 그리 놀랄 일도 아니다.

세계 최고의 선진국으로 자부하는 미국조차 개신교를 믿는 미국 백인들이 북미 원주민들의 신앙을 사악한 미신이자 우상숭배라고 여겨서 철저히 파괴하거나 기독교로 개종시키는데 열을 올렸다. 한국에서도 전통 신앙인 무속을 미신으로 멸시하고 기독교로 개종해야 선진국 국민이 된다는 생각을 지금까지 견지하는 사람들이 있을 정도다.

역사를 돌이켜볼 때 서구권의 힘이 강력할 때는 서구의 종교인 기독교 역시 위세가 강성했고 다른 종교들에 횡포를 심하게 부렸다. 그러다가 21세기로 오면서 점차 서구가 패권을 잃어가고 중국 같은 비서구권 국가들이 강성해지면서 기독교 역시 서서히 힘을 잃어가고 있는 상황이다. 기독교를 제대로 믿고 살아가며 평화를 실천하는 사람도 많지만, 기독교가 서구 제국주의의 보조적 역할을 한 종교로서 기능한 '흑역사'가 있었음을 부인할 수는 없지 않을까 싶다.

7

과학

종교는 과학과 적대적이기만 한가?

RENAISSANCE

DISCORSI
E
DIMOSTRAZIONI
MATEMATICHE,

intorno à due nuoue scienze

Attenenti alla

MECANICA & i MOVIMENTI LOCALI,

del Signor

GALILEO GALILEI LINCEO,

Filosofo e Matematico primario del Serenissimo
Grand Duca di Toscana.

Con vna Appendice del centro di grauità d'alcuni Solidi.

NON SOLV

IN LEIDA,

Appresso gli Elsevirii. M. D. C. XXXVIII.

얼마 전부터 한국 사회에 끊임없이 화제가 되고 있는 흐름이 있다. 2006년 미국의 소설가 댄 브라운Dan Brown이 쓴 《다빈치 코드》부터 2009년 영국 과학자 리처드 도킨스Richard Dawkins가 쓴 《만들어진 신》이라는 책에서 볼 수 있는 무신론을 기반으로 한 반反종교적인 움직임이다.

《다빈치 코드》는 기독교의 창시자인 예수 그리스도가 십자가에서 죽지 않았고 부활하지도 않았으며, 막달라 마리아라는 여자와 결혼하여 아이까지 낳았으며, 그 아이가 유럽으로 건너가 프랑스 왕가의 조상이 되었다는 내용을 담고 있다. 또한 예수 그리스도가 최후의 만찬에서 포도주를 따라 마셨다는 성배聖杯가 사실은 예수의 아이를 임신한 막달라 마리아의 배를 상징한다는 내용도 포함한다.

소설가인 댄 브라운은 프랑스인 피에르 플랑타르Pierre Plantard
가 썼다는 비밀문서를 보고 다빈치 코드를 쓰게 되었는데, 사실 피
에르 플랑타르는 완전한 사기꾼으로 그가 남긴 문서는 위조된 것
으로 밝혀졌다.

《다빈치 코드》는 전 세계 50여 개 언어로 번역되었으며 64주
연속 《뉴욕타임스》 베스트셀러 1위, 145주 연속 베스트셀러에
오르는 기록을 세우기도 했다. 다빈치의 작품 속에 교묘하게
숨겨진 암호들, 유럽의 성당과 성채를 넘나드는 숨 막히는 추
격전. 〈최후의 만찬〉에 사용된 성배를 둘러싼 진실공방이 흥미
진진하게 펼쳐진다.

《만들어진 신》은 신이라는 이름 뒤에 가려진 인간의 본성과 가
치를 탐색한다. 신이 없음을 주장하면서 오히려 신을 믿음으로
써 벌어진 참혹한 전쟁과 기아와 빈곤 문제들을 일깨운다. 과
학과 종교, 철학과 역사를 넘나들며 창조론의 이론적 모순과
잘못된 믿음이 가져온 결과를 역사적으로 고찰하고 있다.

한편 《만들어진 신》에서 리처드 도킨스는 종교 자체를 망상으로 부정하면서 신이란 존재하지 않는다고 하는 무신론을 설파한다. 그는 자신의 신념에 대한 확신으로 어린아이들에게 무신론을 가르치는 캠프 활동에도 열심이다. 리처드 도킨스는 종교가 없어지면 인류 사회의 모든 문제(전쟁이나 인종차별, 대량 학살)도 사라질 것으로 본다. 하지만 대표적 무신론자인 스탈린이나 김일성, 폴 포트가 저지른 끔찍한 학살을 생각한다면 그다지 공감하기가 어렵다.

여하튼 《다빈치 코드》나 《만들어진 신》과 같은 책을 읽지 않은 사람이라도 종교와 과학이라는 주제에 관하여 다음과 같이 생각하는 사람이 적지 않은 것 같다. 종교는 이성의 적이자 과학 발전에 위배된다고 말이다.

종교, 특히 기독교(천주교)에 대한 반감이 현대에 이르러 처음 생긴 건 아니었다. 18세기 계몽주의 시대부터 영국의 에드워드 기번이나 프랑스의 볼테르 등 당시의 대표적인 지식인들은 "찬란한 문명을 가졌던 로마제국이 멸망하고 암울한 중세가 찾아온 것은 유럽인들이 기독교를 믿었기 때문이다"는 식으로 폄하하고 있었다. 이성의 중요성을 강조하며 반종교적 견해를 피력하는 건 현대인들만의 생각이 아니다. 옛날 사람들도 마찬가지였다.

볼테르. 프랑스의 철학자, 역사가, 문학가. 계몽주의 운동의 선구자로 《백과전서》 간행에 협력했다. 무신론자는 아니었지만 봉건적 미몽과 종교적 광신을 강력하게 비판하여 성서와 가톨릭교회의 주장에 타격을 주었고, 이들을 진보에 대한 주된 적으로 보았다.

과학과 학문을 집대성한
중세 가톨릭교회

한번 생각해보자. 과연 종교가 학문이나 과학기술과 적대되는 입장에만 있었을까? 많은 사람의 선입견과 달리 르네상스 시대까지 유럽의 많은 지식인과 과학자는 가톨릭교회의 신부나 수도사 같은 성직자였다.

서기 475년, 로마제국이 무너진 이후 중세 시대 유럽에서 로마제국이 남긴 각종 과학 지식은 수도원이 고스란히 보존하고 있었다. '로마제국의 과학기술이나 지식을 대부분 이슬람 문명권에서 보관하고 있었다'는 통설도 있지만, 최근의 연구를 보면 그렇지도 않다고 한다. 프랑스 역사가들은 로마제국이 남긴 지식과 과학의 50퍼센트를 비잔티움제국이, 30퍼센트를 서유럽 수도원들이, 그리고 20퍼센트 정도만을 이슬람권에서 보존하고 있었다고 한다.

벨기에의 수도원은 독특한 방법으로 오늘날까지 많은 사람에게 사랑받는 '트라피스트'와 '라이빅' 같은 뛰어난 맥주를 제조했다. 프랑스의 수도원들은 우유를 이용해 '브리치즈' 같은 훌륭한 품질의 유제품을 개발했다. 그 밖에 이탈리아, 프랑스, 잉글랜드의 수도원들은 와인과 에일(흑맥주)을 생산했다. 수도원의 수도사들은 새로운 작물을 이용해 농사짓는 기술을 연구하여 농부들에게 가르쳐주기도 했다. 아일랜드의 수도원들은 송아지 가죽으로 만든 피지皮紙로 성경과 복음서를 필사했고, 중세 유럽에서 가장 큰 규모의 도서관을 보유하고 있었다.

이처럼 수도원은 기본적으로 자급자족을 목표로 하는 사회였기 때문에 수도사들은 생활에 필요한 물건을 스스로 만들어야 했고, 그 과정에서 각종 기술을 개발하게 된 것이다.

가톨릭교회의 성직자들은 기록을 남기는 일에도 열심이었다.

잉글랜드의 성직자인 성비드는 7세기 경 《영국민의 교회사》를 저술하여 중세 잉글랜드 역사를 이해하는 데 큰 도움을 주었다. 최초의 영문시인 〈베오울프〉도 잉글랜드인 수도사가 필사한 것이다. 북부 독일의 수도사인 브레멘의 아담Adam of Bremen은 10세기 경 유럽 각지의 풍습과 문화를 기록한 연대기를 남겼다. 그가 쓴 연대기는 중세 유럽의 역사와 사회를 파악하는 데 많은 도움을 주고 있다. 아일랜드의 수도사 성브렌던Saint Brendan of Clonfert은 서기 5세기 경 소가죽과 버드나무로 만든 배를 타고 북해와 대서양을 횡단하여 페로 제도와 아이슬란드, 그린란드와 서부 아프리카의 카나리아 제도까지 다녀왔다. (일설에 의하면 지금의 미국까지 갔다 왔다고도 한다.) 그가 남긴 항해 기록은 훗날 콜럼버스가 신대륙을 향해 항해하는 데 도움을 주었을 것으로 추정한다.

유럽에서 최초로 화약을 발명한 장본인도 수도사였다. 영국의 수도사인 로저 베이컨Roger Bacon은 1260년에 초석과 유황과 목탄을 7:5:5의 비율로 혼합하여 흑색 화약을 만들었다고 저서에 남기기도 했다.

16세기 중엽부터 예수회를 비롯한 유럽의 가톨릭 성직자들은 아프리카나 아시아 같은 해외 지역으로 선교 활동을 나갔다. 이들이 해외 지도자들을 만나 가장 먼저 보여주었던 것은 천문학과 지리학, 화약 무기 제조 기술 같은 유럽의 과학기술이었다. 중국 명나라에 가톨릭을 전파하러 간 예수회 선교사 마테오 리치Matteo Ricci(1552~1610)는 지구의, 혼천의, 자명종 같은 서양의 발명품을 중국인들에게 전해주었다. 아담 샬Adam Schall은 불랑기포(불랑기는 '프랑크'를 말하는 것으로 당시 아시아에서 유럽인을 총칭하는 말이었다. 불랑기포는 포신이 모포母 와 자포子 로 나뉘어 있어 자포에 화약과 탄환을 채워 그것을 장전하여 끊임없이 사격할 수 있었다)와 홍이포(1604년에 명나라 군대가 네덜란드군이 사용한 대포의 위력에 압도되어 네덜란드인을 '머리카락이 빨간 오랑캐紅毛夷'로 부르던 말에서 기인하여 홍이포로 부르게 되었다) 같은 서양식 대포 제조 기술을 중국인들에게 가르쳐 주

마테오 리치. 그는 명나라 사대부들에게 상당한 호응을 얻은 선교사였다.

었다.

한 가지 흥미로운 사실이 있다. 근대 이전까지 유럽 각 지역의 인구는 가톨릭교회에서 보관하던 유아 세례자들의 명단을 통해서 매우 정확하게 파악할 수 있었다고 한다. 중세 시대 내내, 비잔티움제국과 러시아 등을 제외하면 유럽에서는 가톨릭이 국교나 다름없었고 모든 아기는 태어나면 반드시 자신이 사는 지역의 성당에서 유아세례를 받아야 했다. 신부들은 세례식을 집행하면서 그 아기의 이름(본명)과 세례명을 양피지 문서 등에 기록했다. 그러므로 유아세례를 받은 신생아의 명단을 조사하면 그 지역의 인구를 아주 정확하게 산출할 수 있다는 것이다. 이는 중세를 미개하고 무지한 암흑시대로 여기는 일반적인 인식이 그리 정확하지 않음을 증명해주는 또 하나의 사례라 할 수 있다.

르네상스 시대에도 마찬가지였다. 코페르니쿠스 등 많은 과학자가 가톨릭의 사제나 신부였다. 로마 교황들은 과학과 천문학에 깊은 관심을 보이면서 이들을 후원하기까지 했다.

가톨릭과 과학기술의 대립 관계를 극단적으로 설명하는 사례로 사람들은 흔히 갈릴레오의 경우를 든다. 그러나 갈릴레오의 삶에 얽힌 이야기들은 많은 부분에서 사실과 다르다.

우선 갈릴레오는 당시 유럽의 많은 과학자와 마찬가지로 가톨

갈릴레오 갈릴레이의 초상화

릭 신자였다. 그의 딸인 마리 셀레스타가 수녀원에 들어가 수녀가 되었을 만큼 그의 집안 식구 모두가 가톨릭교도였다. 다음으로 교황 우르바누스 8세Urbanus VIII는 갈릴레오를 6번이나 만날 정도로 좋아했고 개인적인 친분도 돈독했다.

갈릴레오가 코페르니쿠스의 지동설을 연구하는 것도 가톨릭교회에서 알았으나 아무런 제재나 처벌을 하지 않았다. 당시만 해도 갈릴레오는 지동설을 가설의 일종으로 간주하고 학생들을 가르쳤기 때문에 교회는 크게 문제 될 것이 없다고 판단했던 것이다.

그런데 1632년 갈릴레오는 《프톨레마이오스와 코페르니쿠스의 2대 우주 체계에 관한 대화Dialogo sopra i due massimi sistemi del mondo, tolemaico e copernicaon》라는 책을 발간했다. 여기서 그는 지구가 태양의 주위를 돈다는 지동설이 가설이 아닌, 절대 진리라고 주장하기에 이른다.

문제의 발단은 바로 이 지점이다. 가톨릭교회는 종교재판소를 열어 갈릴레오를 교황청으로 소환했다. 그리고 "당신이 말한 대로 지동설이 맞다면, 그것을 확실한 증거를 제시해서 증명하시오." 하고 요구했다.

당시 천문학 수준으로 지동설을 확실히 증명하기란 어려웠다. 지동설은 연주시차를 측정할 수 있게 된 19세기에 가서야 비로소 증명되기 때문이다. 그러니 엄밀히 말해 19세기 이전까지 지동설은 '가설'에 불과할 뿐 '이론'이 아니었다.

이런 인식은 동양이라고 다르지 않았다. 16세기 예수회 선교사들이 전해준 지동설을 들은 동양인들은 "증명할 수 없는 말을 어떻게 믿으란 얘기냐?" 하며 믿지 않았다. 조선의 학자인 최한기崔漢綺 (1803~1877)도 같은 이유에서 지동설과 뉴턴의 역학을 신뢰하지 않았다.

크리스티아노 반티Cristiano Banti가 1857년에 남긴 작품. 갈릴레오의 종교재판을 묘사했다.

갈릴레오가 지동설의 증거를 제시하지 못하고 머뭇거리자, 종교재판소는 "확실하게 증명할 수 없는 가설에 불과한 지동설을 절대 진리라고 사람들에게 가르치는 것은 자칫 거짓말을 진실이라고 주장하는 명백한 잘못이자 사회 혼란을 부를 수 있다"는 이유로 그를 공격하여 곤혹스럽게 했다.

결국 갈릴레오는 확실히 증명할 수 없는 가설인 지동설을 진리라고 가르친 사실을 반성하고, 앞으로 지동설을 가르치지 않겠다고 약속함으로써 종교재판에서 풀려날 수 있었다.

갈릴레오를 다룬 위인전이나 전기에 묘사된 것처럼, 그가 로마로 소환되었을 때 감옥에 갇혀 있었다거나 육체적인 고문을 당했다는 내용은 모두 거짓이다. 그는 로마에서 메디치 가문의 귀족들이 거주하는 저택에서 생활했다. 종교재판이 끝난 다음에는 교황청이 마주보이는 정원이 딸린 집에서 연금 생활을 하는 수준에 그쳤다.

연금이 풀리자 갈릴레오는 피렌체 외곽의 아담한 별장에 머물면서 천문학 연구를 계속할 수 있었다. 그를 아끼는 교황 우르바누스 8세의 각별한 배려도 한몫했다. 과학 연구를 하면서 방해나 제재도 받지 않았다. 연구에 매진한 결과 1634년, 갈릴레오는《두 가지 새로운 과학에 관한 토론과 수학적 검증Discorsi e dimostrazioni mathematiche intorno a due nuove scienze attenenti alla meccanica》이라는 책을 출판하기까지 한다.

이상이 갈릴레오와 가톨릭교회와의 관계다. 우리가 이제까지 알아왔던 '현명한 과학자와 잔인하고 편협한 가톨릭 교단의 종교재판'과 같은 도식은 전혀 사실과 다르다.

과학과 지식을 대하는 가톨릭교회의 입장을 살폈으니 이제 개신교 쪽을 보기로 하지. 현대 기독교에서 논쟁이 되는 부분은 바로 성경 무오류설이다. 성경을 글자 그대로 신의 말씀으로 여겨 한 치의 거짓이 없는 사실로 받아들여야 한다는 주장이다. 많은 과학자와 비평가가 기독교와 거리를 두는 이유도 이런 입장 차이에 있다.

성경을 글자 그대로 받아들이는 해석 방법은 르네상스 시대 개신교단 측에서 일어난 일이다. 그 이전 가톨릭교회의 성직자들은 성경을 문자 그대로 해석하지 않았다. 교황, 추기경, 신부, 수도사 등 가톨릭교회 성직자들은 예수가 비유를 들어 설교한 것처럼, 성경의 각 구절을 문자 그대로의 사실로 받아들이지 않았다. 가톨릭 성직자들은 '철학은 신학의 시녀'라는 말을 남겼을 만큼 사색의 산물인 철학으로 성경을 연구하는 신학을 풀이할 수 있다고 믿었다.

반면 개신교의 주창자인 마르틴 루터는 우리가 앞서 살펴본 것처럼 스스로의 입으로 "믿음은 모든 이성과 의문을 발밑에 두고 깔아뭉개야 한다"고 말했다. 즉 성경의 구절이나 내용이 의문스럽거나 다소 앞뒤가 맞지 않더라도 의심하거나 부정하지 말고 무조건 믿으라는 뜻이다. 성경을 비유적인 기법으로 해석하는 것과 문자 그대로 믿는 맹신을 비교한다면, 어느 쪽이 이성에 배치背馳 되는지 확실히 알 수 있다.

성경을 문자 그대로 믿어야 한다고 강조하는 일부 개신교는 지구의 역사를 성경의 연대기로 파악하여 약 6000년에 불과하다고 주장하기도 한다. 그리고 많은 개신교에서 진화론을 부정하고 신이 생물을 창조했다는 창조론을 설파한다. 서구 국가들 중 개신교의 교세가 강한 미국에서 아직까지 약 20퍼센트의 사람들이 창조론을 믿고 진화론을 부정하는 이유도 이 때문이다.

개신교의 한 분파인 성공회 신자였던 영국의 과학자 뉴턴은 어떠했을까? 뉴턴은 만유인력의 법칙을 발견한 과학자로 알려졌지만, 사실 그가 진정으로 호기심을 쏟은 분야는 과학이 아닌 연금술이었다. 1936년 소더비 경매에 뉴턴이 남긴 방대한 양의 문서가 공개되었다. 그 자료를 살펴보면 뉴턴이 연금술에 강하게 집착했으며 특히 철이나 구리 같은 금속을 금으로 바꿀 수 있다는 전설 속의 보물인 '현자의 돌'을 만드는 연구에 몰두했음을 알 수 있다.

바티칸 교황청은 1992년 우리나라 대전에서 열린 엑스포에 가톨릭 전시관을 설치했다. 가톨릭이 과학과 반드시 배치되지는 않는다는 뜻을 알리려는 의도였다. 이처럼 과학을 대하는 가톨릭교회의 입장은 시대의 흐름에 따라 변화되어 왔다. 전 교황인 요한 바오로 2세는 진화론이 가설 이상의 것이며 이를 과학적 증거들이

1595년경 연금술사 하인리히 쿤라드Heinrich Khunrath의 실험실을 묘사한 판화. 문틀에 적힌 라틴어 문장은 "신의 영감이 없다면 어떤 인간도 위대해질 수 없다"는 뜻이다.

과학자였지만 '현자의 돌' 같은 마법 연구에도 몰두했던 아이작 뉴턴. 오늘날에도 적지 않은 과학자들이 미신을 매우 강하게 믿기도 한다. 미국 로켓 공학의 아버지로 일컬어지는 잭 화이트사이드 파슨스도 사이언톨로지라는 오컬트 신봉자였다.

뒷받침하고 있다고 인정한 바 있다.

중세의 가톨릭 성직자들은 철학 연구를 통해 성경을 이해하고자 노력했다. 반면 르네상스 시기에 등장한 개신교 성직자들은 성경의 권위를 앞세우면서 문자 그대로 맹신하는 문제를 남겼다. 르네상스를 빛과 이성의 시대로 규정한다면, 경전의 내용을 맹목적으로 추종하는 개신교와 과학의 갈등을 과연 어떻게 이해해야 할지 난감하다.

8

마녀

마녀사냥의 거짓된 이미지와 중세의 현실

RENAISSANCE

르네상스에 관한 환상 때문에 '중세' 하면 부정적인 이미지를 떠올리기 쉽다. 이성과 지혜란 찾아보기 어렵고, 교회의 명령만이 세상을 지배하고, 어둡고 음침한 마을에서 제대로 씻지 않은 탓에 온 몸에서 악취를 풍기는 좀비 같은 대중, 그리고 그런 무리가 매일 같이 광장에서 장작을 쌓아 올리고 마녀로 지목된 죄 없는 여자들을 산채로 태워 죽이는 끔찍한 '마녀사냥' 등이 널리 알려진 중세의 대표적인 모습이다.

이런 식의 중세에 관한 편견은 르네상스를 대할 때 정반대의 관점으로 뒤바뀐다. 맹목적인 종교적 광신이 사라지고 찬란한 빛과 이성과 지혜와 관용이 넘치는 마치 유토피아 같은 시대로 르네상스를 인식하는 것이다.

하지만 1990년대부터 서구 학계에서는 수많은 문헌과 고고학적인 연구를 통해 과거 중세와 르네상스 시대에 관한 고정관념을 하나씩 깨뜨려 나가고 있다. 아쉽게도 국내에서는 중세와 르네상스를 보는 시각이 앞서 설명한 20세기 초의 관점에서 전혀 변하지 않고 있는 실정이다.

중세에 관해 일반인이 잘못 이해하고 있는 대표적인 이미지인 '마녀사냥'만 해도 그렇다. 과연 중세 유럽에서 어처구니없는 이유로 셀 수 없이 많은 여자가 마녀로 몰려 화형을 당했을까? 과연 르네상스 시대에 들어서면 마녀사냥이 사라졌을까?

단언하건대, 두 가지 모두 사실이 아니다. 우리가 상상하는 마녀사냥은 중세가 아니라 르네상스 시대에 시작되었다. 그리고 그 이후 마녀사냥은 무려 400년간이나 계속되었다!

마녀의 역사

르네상스 시대에 시작된 마녀사냥과 중세의 마녀를 이해하려면, 먼저 마녀라는 신분의 기원과 발달 과정까지 거슬러 올라가야 한다. 마녀는 대체 언제부터 존재했던 것일까?

사실상 마녀는 인류의 역사와 그 시작을 함께한다. 고대부터 신을 섬기면서 주술을 부리거나 예언을 하고, 때로는 민간요법을 사용해 사람들의 병을 치료해주는 현명한 여자들을 동서양의 모든 문화권에서 '마녀'라고 불렀다.

　마녀의 존재는 외부인들로 하여금 두 가지 모순된 이미지를 갖게 했다. 그녀들에게 있는 뛰어난 능력을 존경하고 칭송하는 시각이 있는 반면 그녀들을 보통 사람이 아닌 신비스럽고 무서운 존재로 바라보는 부정적인 시각이 공존했다.

로마인들이 매우 신봉했던 마녀, 시빌

고대 그리스에서는 술의 신 디오니소스를 섬기는 여사제 바케('광란하는 여자들'이라는 뜻이 있다)들이 마녀로 인식되었다. 바케들은 벌거벗은 상태로 산과 숲속을 뛰어다니며 짐승, 심지어 사람을 찢어죽이고 그 피와 살을 먹어치우는 의식을 치렀다. 그리스인들은 이런 여사제들을 마녀라고 생각하며 두려워했다.

로마에서는 시빌이라는 늙은 여성 점술가가 자신의 이름을 딴 예언집인 《시빌의 책》을 남겼다. 로마인들은 카이사르 시대까지 《시빌의 책》을 매우 존중했다. 심지어 국가의 운영 방침까지 그 책을 보고 결정하기까지 했다.

다신교를 믿는 다른 민족들은 마녀의 존재를 인정하고 사회 구조상 꽤 높은 지위를 부여한 데 반해 철저한 유일신 신앙을 고수하는 이스라엘 민족은 마법이나 마녀를 부정적으로 여기고 금지했다. 구약성경의 신명기 18장 10~12절을 보면 점쟁이, 길흉을 말하는 자, 요술하는 자, 무당, 진언자, 신접자, 박수, 초혼자를 용납하지 말도록 단호하게 못 박아 두었다.

하지만 이스라엘 사회에 마녀의 존재가 아예 없었던 건 아니었다. 이스라엘의 초대 왕인 사울은 늙은 여자 주술사(마녀)를 찾아가 죽은 예언자 사무엘의 혼을 부르는 의식을 치르기도 했다. 아마도 이스라엘과 끝없는 전쟁을 벌이던 블레셋 같은 주변 민족의 종교에서 영향을 받은 듯하다.

서기 5세기 무렵, 게르만계 고트족의 역사가 요르다네스Jordanes 는 고트족 사회에서 쫓겨난 마녀들이 동쪽의 늪지대에 살던 악마 들과 교접해서 무서운 침략자인 훈족이 태어났다고 연대기에 기록했다. 훈족을 피해 로마 영토 안으로 이주한 게르만족의 대이동으로 로마제국은 멸망하고 게르만족이 유럽의 새 주인으로 군림하면서 마녀 문화도 서유럽 곳곳으로 퍼져나갔다.

게르만족의 유럽 정착과 함께 기독교의 가르침이 전파되면서 마녀와 마법은 난관에 봉착한다. 785년 독일 중부의 도시 파더보른Paderborn에서 열린 종교 위원회는 마녀를 성경의 가르침에 위배된다고 하여 불법으로 간주하는 법안을 공표했다. 794년 프랑크왕국의 샤를마뉴 대제는 프랑크푸르트에서 열린 위원회에서 이법률을 승인하고 자신의 왕국에서 마녀나 마술사들은 추방하겠다고 발표했다.

약 200년 후 잉글랜드의 애설스탠 왕Athelstan(924~939)도 마녀에 관한 법률을 제정했다. 마녀가 마술을 부려 사람이 죽는 경우에는 명백한 살인죄로 간주하여 약 120일 동안 감옥에 가둬둔다. 만약 마녀가 앞으로 마법을 쓰지 않겠다고 다짐하면, 120실링의 벌금을 죽은 사람의 친족에게 지불하고 석방될 수 있다는 내용이었다.

이처럼 중세 시대에 마녀가 교회의 가르침에 어긋난다는 법령이 제정되기도 했으나 그럼에도 마녀들은 계속 존속했으며 별다른 탄압을 받지 않았다. 훗날 르네상스 시대처럼 수천 명의 마녀를 닥치는 대로 사냥해서 체포하고 광장에서 대규모로 태워죽이는 일은 벌어지지 않았다.

마녀들과 대립되는 입장에 있던 로마 가톨릭 교황청조차 마녀를 특별히 핍박하거나 하지 않았다. 오히려 마녀의 존재에 대해 크게 문제 삼지 않는 분위기였다. 서기 1000년경 로마교황청은 마녀가 하늘을 날아다닌다거나 마법을 써서 사람들을 해친다는 주장

잉글랜드의 애설스탠 왕. 서자 출신이지만 앵글로색슨 군주 가운데 가장 위대하다고 평가받는다. 전 잉글랜드의 직접적 지배권을 가진 최초의 국왕이었다.

이 터무니없고 허황된 헛소문이라고 반박하는 성명을 발표할 정도였다.

얼핏 보면 이해하기 어려운 일이다. 성경은 주술이나 점 같은 미신적 요소들을 철저히 배격한다. 그런데 성경을 하느님의 계시로 받드는 로마교황청이 왜 주술이나 점을 치는 마녀들을 묵인했을까?

당시 로마교황청은 "유럽은 하느님을 섬기는 땅인데, 이곳에서 어떻게 마귀가 활개치고 다닐 수 있단 말인가? 그런 허황된 소문이야말로 하느님을 모독하는 일이다!" 하는 식으로 여기며 마녀나 악마 같은 괴담을 대체로 무시했다. 신앙에 관해 확고한 믿음을 지녔던 중세 시대의 가톨릭교회는 대규모 화형식을 동반한 마녀사냥을 할 필요성조차 느끼지 못했던 것이다. 또한 가톨릭교회는 '카노사의 굴욕' 사건에서 알 수 있듯이 세속 최고의 권력자인 신성로마제국의 황제를 굴복시킬 정도로 강력한 권위를 누리고 있었다. 그런 와중에 조용히 살아가던 마녀들은 교회의 권위에 아무런 위협이 되지 못했다.

프랑크나 잉글랜드 왕국에서 마녀를 법으로 금지하거나 처벌하는 규정을 만들었음에도 바로 이런 이유로 르네상스가 시작되는 15세기 초까지 마녀들은 큰 박해나 탄압을 받지 않고 유럽 전역에서 일상적으로 활동할 수 있었다.

1384년과 1390년 밀라노에서 2명의 마녀가 백마법을 쓴다는 혐의로 교황청에 고발된 일이 있으나 마법을 써서 사람을 해쳤다는 증거가 부족하다는 이유로 무죄 석방되었다.

마녀사냥
발단의 배경

중세가 끝나고 르네상스 시기로 접어드는 1480년대를 전후하여 정황이 크게 달라지기 시작한다. 각지에서 마녀를 목격했다는 제보가 빗발치고, 마녀로 의심되는 여자들이 잡혀와 재판을 받고 화형을 당하는 등, 우리가 생각하는 마녀사냥이 본격적으로 벌어진 것이다. 도대체 무슨 이유에서였을까?

르네상스를 전후하여 시작된 마녀사냥의 원인은 기독교 유럽 국가들을 둘러싼 외부적인 요인과 내부적인 요인을 들 수 있다.

외부적인 요인은 단연 강대한 오스만제국의 위협을 꼽을 수 있다. 멀리는 페르시아제국과 이슬람제국 및 몽골제국에 이르기까지 유럽 전체를 엄청난 공포에 떨게 하였으나 실제로 정복 순간까지 간 세력은 오스만제국밖에 없다.

1453년 로마제국의 계승국인 비잔티움제국이 오스만제국의 손에 의해 멸망한 사건은 두 가지 의미를 내포한다. 이때를 기준으로

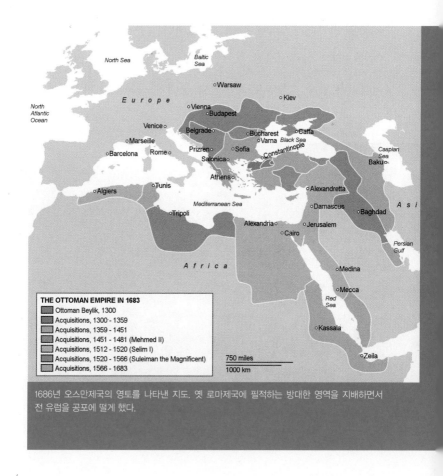

1686년 오스만제국의 영토를 나타낸 지도. 옛 로마제국에 필적하는 방대한 영역을 지배하면서 전 유럽을 공포에 떨게 했다.

우리가 아는 '중세'가 끝나고 르네상스 시대가 열린다는 것과 오스만제국이 중부 유럽 내부의 깊숙한 곳까지 침투하여 이슬람 세력이 기독교 유럽의 안방까지 파고들 계기를 마련했다는 점이다.

비잔티움제국을 멸망시킨 오스만제국은 거침없는 기세로 동유럽을 정복했다. 1455년에는 세르비아, 1456년에는 보스니아, 1479년에는 알바니아가 오스만제국에 점령되었다. 1480년에는 이탈리아 남부 오틀란토에 투르크 군대가 상륙하여 이탈리아 본

1526년 모하치 평원에서 벌어진 모하치 전투. 이 전투에서 헝가리군은 오스만 군에게 전멸한다. 승리한 오스만제국은 헝가리 국토의 절반가량을 지배하게 된다.

토를 노리는 대담한 모습마저 보여주었다. 다음 해에 오스만제국의 술탄(회교국의 군주)인 메메드 2세Mehmed II가 갑작스레 사망하여 오스만 군대의 진격은 잠시 멈추었다.

하지만 얼마 지나지 않아 오스만제국의 유럽 침공은 다시 시작되어 1504년에는 루마니아를 정복했다. 1526년에는 모하치 전투에서 헝가리 국왕 라요시 2세가 지휘하는 헝가리 군대를 왕과 함께 전멸시키고 헝가리 남부를 장악했다.

여기서 그치지 않고 약 10만 명의 오스만 대군은 1529년 오스트리아의 수도 비엔나를 포위하여 한 달간 맹렬한 공격을 퍼부었다. 장마로 인한 악천후 때문에 오스만 대군은 결국 비엔나에서 철수했지만, 서유럽으로 통하는 관문인 비엔나까지 오스만 군대가 몰려온 사건은 유럽인들에게 크나큰 충격과 공포를 안겨주었다.

이후 유럽을 향한 오스만제국의 침략은 1683년까지 200년 넘게 이어졌다. 오스만제국의 압도적인 대병력과 물량 공세에 번번이 참패한 유럽인들은 거대한 공포심을 느꼈다.

이러한 유럽인들의 정서를 잘 드러내는 사례가 하나 있다. 르네상스 무렵인 1494년, 독일의 시인인 세바스티안 브란트Sebastian Brant는 《바보배The Ship of Fools》라는 책을 썼다. 이 책에서 그는 "5대 기독교 교구인 알렉산드리아, 예루살렘, 안티오크, 콘스탄티노플, 로

세바스티안 브란트

《바보배》는 종교개혁 직전의 정치·종교·사회의 타락과 부패를 통렬하게 풍자한 작품이다. 금속활자 텍스트와 그림으로 구성된 이 책에서 브란트는 100가지 이상의 바보 유형과 다양한 행위를 풍자시로 기술했다. 예를 들면, 권력의 종말을 모르는 바보, 다른 사람의 유산을 갖기를 기대하는 바보, 운명의 장난에 놀아나는 바보, 남을 조롱하는 바보, 신을 가소롭게 여기며 밤낮으로 신에 반항하는 바보들이다. 이 책은 유럽 각국어로 번역되어 널리 읽혀졌으며 우인문학愚人文學의 원조로 후세에 큰 영향을 끼쳤다. 사진은 1549년판 《바보배》.

마 중에서 로마를 제외한 모든 교구는 이슬람제국인 오스만의 손에 들어가 있다. 언젠가 나머지 하나 남은 교구인 로마마저 오스만에게 점령당하고 말 것이다"라며 두려움을 나타냈다.

그로부터 약 100년이 지난 엘리자베스 여왕 치하의 영국에서조차 역사가 리처드 놀스가 "투르크제국은 오늘날 지구상 전체를 두렵게 한다"고 술회할 정도였다.

교회의 대분열과
혼란의 시대

외부적으로 오스만제국의 위협이 유럽인들을 두렵게 했다면, 그에 못지않게 내부적인 요인도 중요하게 작용했다. 어떠한 방법을 써도 도저히 치료할 수 없었던 흑사병과 가톨릭교회의 권위를 부정하는 개신교의 등장이었다.

앞서 살펴봤듯이 14세기 중엽부터 유럽에 퍼진 흑사병은 굳건하게 버티고 있던 중세 사회를 사실상 부숴버렸다. 흑사병은 신분의 높낮이나 재산의 빈부에 관계없이 모든 사람을 죽음으로 내몰았다. 갑작스레 출몰한 흑사병에 당황한 유럽인들은 의학 지식을 총동원하여 막아보려 했으나 어떠한 약과 치료법으로도 그 기세를 꺾을 수 없었다. 1374년 이탈리아에서 시작된 흑사병은 순식간에 프랑스와 독일, 네덜란드, 스페인, 포르투갈과 바다 건너 영국과 아일랜드와 스칸디나비아 반도 및 심지어 저 먼 아이슬란드와 그린란드까지 휩쓸었다. 그린란드에 정착한 바이킹 이민자들이 절멸한 까닭도 14세기에 창궐한 흑사병에 있다.

15세기 프랑스의 역사가 프로사와르가 흑사병으로 말미암아 유럽 인구의 3분의 1인 3000만 명이 사망했다고 기록할 만큼 흑사병은 중세 유럽을 강타한 충격이었다. 절박한 심정으로 유럽인들은 열심히 하느님께 기도를 올렸다. 신에게 의지해도 좀처럼 흑사병이 수그러들지 않자 유럽인 사이에서는 이상한 여론이 형성되기 시작했다. 교황과 추기경을 비롯한 가톨릭교회의 성직자들이 부패하고 타락했기 때문에, 그들의 죄악에 분노한 신이 천벌을 내려 흑사병이 계속 번져나가고 있다는 내용이었다.

엄밀히 말해서 그런 식의 여론이 틀리지는 않았다. 14세기와 15세기 무렵 가톨릭교회의 부패는 엄연한 사실이었으니까. 잉글랜드의 존 위클리프John Wycliffe와 보헤미아(체코)의 얀 후스Jan Hus 등의 종교개혁자는 가톨릭교회가 돈을 받고 성직자의 자리를 매매하며, 엉터리 명목을 붙여 세금을 착취하고, 성직자들이 부정하게 모은 돈으로 사치스러운 생활을 즐긴다며 맹렬히 비판하고 나섰다.

급기야 1517년 교황의 면죄부 판매를 비판하며 루터가 종교개혁을 부르짖자 그의 가르침을 따라 로마 가톨릭교회와 교황청의 권위를 부정하는 교단인 개신교회Protestant가 등장하게 되었다. 개신교가 유럽 사회에 불러일으킨 파장은 매우 컸다. 그동안 로마교황청에 온갖 명목으로 막대한 양의 세금을 바치느라 불만이 많았던 독일, 덴마크, 스웨덴 등 북유럽에서는 순식간에 개신교가 가톨릭을 밀어내고 사회를 장악했다. 잉글랜드와 스코틀랜드에서도 가톨릭이 정부의 탄압을 받고 그 대신 성공회와 장로교가 등장했다. 네덜란드에서는 지배자인 스페인과 손잡은 가톨릭교회의 전횡에 불만을 품은 민중이 교회를 습격하는 사건이 잇따라 발생했다. 가톨릭의 중심지인 프랑스에서조차 루터와 칼뱅 등 개신교를 신봉하는 위그노파가 득세할 정도였다.

이와 같은 일련의 사태를 주시하던 교황청은 크나큰 두려움을 느꼈다. 이대로 가만히 있다가는 가톨릭교회가 새로 일어난 개신교에 의해 송두리째 흔들릴 수 있는 위기를 맞이한 것이다.

마녀사냥의 시작

오스만제국의 침략이라는 불안 요인과 흑사병 창궐에 이은 개신교의 출현으로 유럽 사회 전체가 공포와 혼란에 휩싸이면서 가톨릭 교회가 궁지에 몰리자 교황청은 고심 끝에 절묘한 해결책을 내놓는다. 흔들리는 위상을 극복하는 한편 자신들의 힘을 과시하여 헤게모니를 장악하기 위한 방편으로 마녀를 이용하자는 내용이었다.

사회 곳곳에서 암약하던 마녀들이 사악한 주술로 흑사병을 일으키고 저주를 불러 사람들을 죽게 했으며, 이교도인 오스만제국의 침략과 교황의 권위를 부정하는 개신교를 비롯한 사악한 이단들이 나타나 사회를 불안하게 하는 것도 모두 마녀들의 소행이라는 식으로 말이다.

오늘날의 관점으로 보면 말이 안 되는 엉터리 생각이라며 비웃을지도 모른다. 하지만 인간은 논리 회로만으로 움직이는 컴퓨터가 아니다. 이성과 논리를 맹신하는 인간일수록 설명할 수 없는 현상에 부딪치면 극단적인 반反이성으로 치닫기 쉽다. 현대에도 사이비 종교에 들어가 활동하는 사람 중 상당수가 대학 이상의 고학력자들이라고 하지 않던가.

르네상스 당시를 살아가는 유럽인의 입장에서 생각해보자. 총체적인 혼란에 빠진 사회를 살던 사람들에게 "인간의 생각으로는 도저히 헤아릴 수 없는 이러한 두려움과 혼란상이 모두 사악한 악마와 결탁하여 세상을 공포에 빠뜨리려는 마녀의 소행이다!"고 하는 교황청의 설명은 어찌 보면 딱 맞는 정답이었다.

1484년 로마 교황 이노센트 8세Innocent VIII는 마녀사냥을 위해 종교재판관 도입을 허가했으며, 3년 후인 1487년부터 1700년까지 마녀사냥이 유럽 전역에서 벌어졌다. 마녀사냥의 절정기는 사실상 르네상스 시기인 16세기 무렵이었다.

본격적인 마녀사냥은 1536년 덴마크와 스코틀랜드에서 시작되었다. 유럽 북쪽 변방에 있던 스코틀랜드에서는 마녀와 주술에 대한 미신적인 공포가 유독 심했다. 스코틀랜드는 오랫동안 픽트족과 켈트족 같은 고대 부족의 근거지였다. 영국의 대문호인 세익스

화형당하는 마녀의 모습을 묘사한 그림

피어가 쓴 4대 비극 중 하나인 《멕베스》 초반부에서 세 마녀가 가마솥을 끓이며 주술을 외는 장면이 나오는 장면도 그런 역사적 배경에서 기인했다. 여하튼 1536년에만 스코틀랜드에서 70명의 여자를 요술을 쓴다는 이유로 마녀로 적발하어 유죄판결을 내리고 화형으로 처단했다.

유럽의 중심지라고 할 수 있는 프랑스, 독일, 스위스 지역에서 마녀사냥은 오랫동안 기승을 부렸다. 특히 독일 남부와 서부 등지에서는 1561년부터 1670년까지 마녀사냥이 극렬하게 벌어졌다. 1563년에는 독일 남서부에서 63명의 마녀가 악마와 소통하여 사악한 마술로 이웃에 해를 끼쳤다는 죄목으로 붙잡혀 화형을 당했다.

애초부터 마녀사냥이 가톨릭교회의 흔들리는 위상을 재정립하고자 만만한 희생양이 필요했던 사업인 탓에 마녀를 심문하는 과정은 그야말로 억지스러웠다. 한 예로 마녀로 지목된 희생자가 물에 떠오르면 죄의 무게 때문에 그런 것이니 마녀가 확실하다고 여겨 화형에 처했다. 물에 빠져 있으면 무죄판결을 받았지만, 그렇게 하다가 대부분의 혐의자가 물을 너무 많이 마셔 익사하기 일쑤였다.

마녀사냥의 가장 불합리한 부분은 마녀로 몰린 피의자들의 재산을 심문관들이 합법적으로 빼앗을 수 있었다는 데 있다. 마녀를

마녀재판을 묘사한 기록화. 유럽의 여러 나라와 교회가 이단자를 마녀로 판결하여 화형에 처하는 일이 비일비재했다. 18세기 무렵부터 계몽사상의 영향으로 없어졌다.

재판하는 데 드는 비용마저 전적으로 마녀로 몰린 혐의자 또는 가족들이 내야 했다. 고문 기구 제작비와 간수나 심문관들이 받는 임금, 감옥 안에서의 식비, 심지어 화형 시 사용되는 장작값도 마녀의 재산에서 충당했다.

마녀사냥이 본격화된 16세기부터 18세기까지 르네상스, 종교개혁, 30년 전쟁과 같은 대혼란기를 거치면서 유럽 전역을 통틀어 약 10만 명의 마녀가 적발되어 그중 1만 2000명가량이 화형에 처해졌다.

흔히 암흑의 시대라고 인식하는 중세 시대엔 정작 우리가 상상하는 마녀사냥이 드물었고, 빛과 이성의 시대라고 칭송하는 르네상스 시대에 오히려 마녀사냥이 본격화되었다는 사실은 무엇을 의미할까?

마녀사냥은 신과 종교를 향한 광신적인 믿음에서 비롯한 일이라기보다는 사회 혼란으로 말리암아 종교적인 믿음이 점차 약해지던 시대에 불안에 빠진 교회와 민중이 정신적인 위안을 얻기 위해 꾸민 희생양 제의가 아니었을까 싶다.

이성이 고양된 시대로 알려진 르네상스 시기에 다분히 감정적이고 논리적이지 못한 마녀사냥이 성행했다는 사실에서 이때를 '이성의 시대'로 규정하기란 사실상 어렵고 , 인간의 이성이 위기에 직면했을 때 얼마나 쉽게 무너지는지를 보여주는 아이러니한 사례로 파악해야 하지 않을까 싶다.

9

노예

인종차별의 싹은 르네상스 시대에 시작되었다

RENAISSANCE

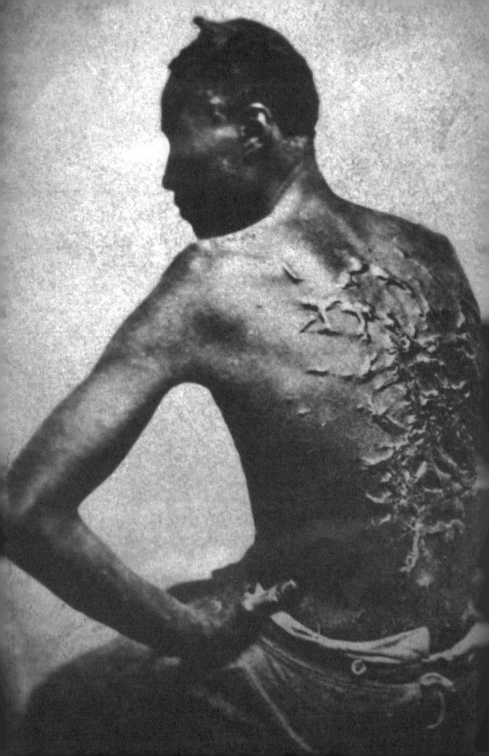

미국, 남미, 유럽, 러시아 등 서구인들이 기반을 잡은 곳 어디에서나 공통적으로 벌어지는 사회적 문제가 있다. 바로 인종차별이다. 백인이 아닌 유색인종을 비하하는 정도로 그치지 않고 네오나치나 스킨헤드 같은 폭력조직까지 동원되어 폭력을 일삼고 심지어 살인도 주저하지 않는 일이 종종 벌어진다.

과거 역사를 돌아볼 때 이러한 인종차별의 구조에서 가장 피해를 본 집단은 흑인이다. 이들은 수백 년간 백인들의 잔인한 폭력에 희생되어 왔다. 20세기 중엽까지 미국 남부 등지에서 아무런 잘못이 없는 흑인들을 잡아다 집단적으로 구타하고 나무에 목을 매달아 죽인 다음, 그 광경을 사진으로 찍어 친구나 친척들에게 보내는 끔찍한 풍습이 있었을 정도였다.

왜 흑인들이 인종차별의 가장 큰 피해자가 되었을까? 여러 이유가 있겠지만 그들이 수백 년간 백인의 노예로 살았기 때문이다. 백인의 입장에서 보면 오랜 세월을 가축처럼 부리던 흑인에 대하여 노예해방이 되었다고 해서 자신들과 동등한 대상으로 생각하기란 여러모로 거북했을 것이다.

특히 오랜 세월 동안, 성性적인 면에서 흑인 남성들은 심각한 박해를 받았다. 백인 남성이 흑인 여성과 결혼하면 그다지 큰 문제가 없었으나, 흑인 남성이 백인 여성과 결혼하거나 교제하는 모습이 주위에 알려지면 백인 남성들로부터 무참히 폭행당하여 목숨을 잃기 십상이었다. 미국이 아닌 유럽에서도 마찬가지였다. 19세기 영국에서는 백인 여성과 결혼한 흑인과 기타 유색인 남성들만을 골라 습격하는 폭력 조직까지 활동했다고 한다.

과연 흑인들은 언제부터 백인들에게 붙잡혀와 노예의 신분으로 살아가게 되었을까? 그 해답은 놀랍게도 르네상스 시대와 맥을 같이한다. 찬란한 문화, 예술이 육성되던 시기인 르네상스를 기점으로 하여 유럽의 백인들은 흑인들을 노예로 부리는 노예 매매 사업에 뛰어들었다.

아프리카에 첫발을
내디딘 유럽인들

르네상스 이전, 서구 세계에서 거의 모든 노예는 백인이었다. 할리우드 영화에서 로마제국 시기에 등장하는 흑인 노예를 본 사람이라면 좀처럼 이해하기 어려울 지도 모르겠다.

　여기서 한 가지 짚고 넘어가야 할 사실이 있다. 아프리카에 사는 사람이라고 해서 모두 흑인은 아니라는 점이다. 아프리카엔 흑인이 아닌 다른 인종들도 살고 있다. 아프리카는 지리적으로 사하라사막을 기준으로 북쪽과 남쪽으로 나뉘는데, 고대 메소포타미아와 로마 시절부터 유럽이나 중동권과 접촉해온 북부 아프리카에 살던 주민들은 지중해 인종(또는 베르베르)이라고 불리던 사람들이었다.

　이들은 켈트나 게르만 같은 북방계 백인종보다 상대적으로 작은 키에 긴 목, 갈색 피부, 검은 눈동자, 검은색의 곱슬머리를 지녔지만 우리가 흔히 생각하는 흑인은 아니다. 공화정 시절의 로마와 강력한 라이벌인 카르타고나 북아프리카에서 뛰어난 기병대로 명성을 날린 누미디아Numidia(알제리 북부에 해당하는 북아프리카의 고대 지명), 그리고 아랍의 팽창에 맞서 용감하게 저항한 유목민 베르베르인은 모두 지중해 인종에 속한다.

아프리카 동남부에 있는 마다가스카르 섬에는 동양인과 비슷하게 생긴 사람들도 산다. 먼 옛날 배를 타고 동쪽 말레이 군도에서 건너간 말레이 인종의 후손이다.

우리가 흔히 흑인이라고 생각하는 사람들은 사하라사막 이남 지역에 주로 살았는데, 고대 이집트 왕국의 남부인 누비아(수단)에도 흑인들이 거주했다. 그래서 이집트인들은 자신들과 다르게 생긴 흑인들을 매우 신기하게 여겨 자주 원정을 감행해 이들을 붙잡아와 노예로 부렸다. 선입견과는 달리 고대 이집트인들은 흑인이 아닌 지중해 인종에 속했다.

유럽 중심부인 로마에서 흑인들이 사는 사하라사막 이남의 아

고대 이집트의 파라오, 세티 2세의 무덤 벽에 그려진 고대 리비아인들의 모습. 이들은 오늘날 북아프리카 원주민인 베르베르인들의 조상이다.

이집트의 벽화에 그려진 누비아 인들. 이들이 오늘날 우리가 생각하는 흑인이다.

프리카는 매우 멀었다. 당연히 흑인 노예는 매우 희귀한 존재였다. 반면 로마와 가까이 있고 상대적으로 자주 접촉하던 그리스나 갈리아, 게르만 등지의 백인들은 노예로 쉽게 유입되어 사회 각지에서 활동했다.

이는 중세 때에도 마찬가지였다. 유럽에서 활동하던 노예는 대부분 동유럽에서 잡혀온 백인계 슬라브인이었다. 주로 노르만(바이킹)이나 베네치아 같은 노예 상인들이 지금의 러시아나 우크라이나 등지에서 슬라브인들을 잡아다 비잔티움제국이나 서유럽 각국은 물론 스페인을 지배하고 있던 아랍계 칼리프 왕조에도 팔았다. 칼리프 왕조에서 슬라브인 여성의 경우 칼리프의 하렘에 들어가 시녀가 되었고, 남성의 경우 백인 노예로 구성된 군대인 맘루크로 일했다. 이렇게 노예로 일한 슬라브인들이 어찌나 많았는지 오늘날 영어에서 '노예'를 뜻하는 단어인 '슬레이브slave'가 '슬라브slav'에서 유래했을 정도다.

그렇다면 유럽인들이 본격적으로 흑인 노예를 잡아들이는 때는 언제부터였을까? 일반적으로 중세 말기, 유럽인들이 배를 타고 세계로 진출하는 대항해시대가 시초였다. 대항해시대의 선두를 연 나라는 포르투갈이었다. 항해왕자 엔리케Henrique는 아시아로 가는 항로를 열기 위해 아프리카를 그 중간 거점으로 삼았다. 그는 1441년 지금의 서부 아프리카 해안인 라고스lagos에서 흑인 노예들을 배에 태워 본국으로 돌아왔다. 여기는 '노예 해안'이라는 이름이 붙은 곳이기도 하다. 이것이 바로 근대 역사에서 유럽인이 최초로 벌인 노예무역이었다.

그 후로도 엔리케 왕자는 잠비아 등 아프리카 서부 지역에서 붙잡은 흑인 노예들을 유럽으로 데리고 와 파는 방법으로 얻은 수입으로 아시아 항해에 필요한 자금을 마련했다. 흑인을 다루는 노예무역은 16세기 초, 스페인 군대가 신대륙의 아즈텍과 잉카제국을 정복하고 거대한 해외 식민지를 확보하게 되면서 그 수요가 폭발적으로 늘어났다. 주로 아프리카 서부 서사하라의 보자도르 곶

Cape Bojador은 포르투갈인들이 벌이는 노예무역의 중심지로 향후 300년 동안이나 성행했다.

신대륙에 정착한 유럽인들은 처음에는 토착민인 인디오들을 납치해 사탕수수를 재배하는 대농장이나 금과 은을 캐는 광산에서 노예로 부렸다. 그런데 이 방법은 문제가 많았다. 인디오들은 워낙 깨끗한 환경에서 살아왔던 터라 각종 병균투성이인 백인들이 가까이 오기만 해도 바이러스에 감염되어 죽기 일쑤였다. 백인들이 옮긴 전염병 때문에 토착민 인디오들의 수는 갈수록 줄어들었다. 병에 대한 면역력이 없는 인디오들에게 가장 무서운 적은 백인들의 총이나 기병대가 아니라 그들이 가진 세균이었던 것이다.

게다가 인디오들이 갇혀서 일하는 곳은 그들의 고향과 지척이었다. 평생을 죄수로 갇혀 살다가 죽고 싶지 않았던 인디오들은 기회를 틈타 자주 달아나거나 무기를 들고 집단적으로 봉기해 백인들과 맞서 싸우기도 했다. 백인 농장주들은 도망친 인디오들을 잡기 위해 길을 나섰지만, 신대륙의 지리를 잘 아는 인디오들은 그들의 눈을 피해 깊이 숨어버렸다.

노예로 부릴 인디오들이 점점 줄어들자 당황한 쪽은 오히려 백인들이었다. 인디오 노예 없이는 넓은 대농장과 광산에서 일할 노동력을 충당할 수 없었다. 그렇다고 막대한 이익이 보장되는 대농장과 광산 사업을 중단할 수도 없는 노릇이었다.

고심 끝에 백인들은 다른 방법을 찾았다. 인디오 대신 부려먹을 새로운 노예들을 데려오는 것이었다. 인디오보다 건강하고 도망 갈 염려가 없으며 일도 더 열심히 할 자들이어야 했다. 그들이 바로 아프리카에 살던 흑인들이었다.

16세기 중엽부터 19세기 초까지 약 300년 동안 총과 대포로 무장한 백인 노예 상인들은 아프리카의 해안 지대를 누비며 가여운 흑인들을 쇠사슬로 묶어 노예로 삼았다. 이런 식으로 무려 4000만

달아나지 못하게 쇠사슬에 묶인 채로 끌려가는 흑인 노예들

명이나 되는 흑인이 노예선에 짐짝처럼 실려 아메리카 대륙으로 끌려갔다. 16세기 중엽에는 포르투갈에 이어 스페인이 흑인 노예 사업에 뛰어들었고, 17세기에는 네덜란드, 프랑스, 영국 등이 흑인 노예 매매에 적극 가담했다.

여기서 한 가지 덧붙일 사실이 있다. 흔히 알려진 인식과는 달리 흑인 노예의 대부분은 백인이 아니라 같은 흑인의 손에 의해 잡혀왔다는 점이다. 이해가 안 된다는 사람도 있겠으나 엄연한 사실이다. 당시 유럽의 백인들은 아프리카 내륙 지역의 지리를 거의 몰랐으며 무덥고 습한 날씨와 전염병에 견디지 못했다.

한 예로 16세기 무렵 지금의 잠비아에 정착한 포르투갈인들은 아프리카 현지인들이 비만 오면 웅덩이를 피해 다니는 모습을 보고 겁쟁이라고 비웃으며 그들 앞에서 보란 듯이 웅덩이 속에 뛰어들어가 발을 담갔다. 그러나 현지인들은 결코 어리석지 않았다. 웅덩이에는 사람의 몸속으로 들어가는 치명적인 기생충들이 살고 있었다. 이를 몰랐던 포르투갈인들은 대부분 기생충에 감염되어 죽고 말았다. 현지인들은 오랜 경험으로 인해 기생충 감염의 위험성을 잘 알고 일부러 웅덩이를 피했던 것이다.

이런 이유로 유럽인들은 초기에 아프리카의 내륙으로 감히 들어갈 생각을 못했다. 해안 지역에 거점을 두고 활동하는 일이 고작이었다. 그러다 안전하게 사람과 물자를 수송하는 기차와 철도가 완성된 1880년대 이후부터 유럽인은 아프리카 내륙 깊숙이까지 들어가 식민지를 개척했다.

혹인들은 어떻게 같은 동족인 혹인을 이방인인 백인에게 팔아 넘기는 인신매매를 할 수 있었을까? 사실 이런 물음은 근본적인 전제가 잘못되었다. 서양인이 보기에 중국, 한국, 일본인은 모두 같은 황인종이겠지만 우리는 중국과 일본인을 우리와 다른 외국인으로 여긴다. 이는 혹인들도 마찬가지다. 그들은 오래 전부터 여

사슬에 묶인 채 노예선에 오르는 흑인 노예들

러 부족으로 나뉘어 싸워왔고, 승리한 이들은 패배한 세력을 붙잡아 노예로 부리거나 외부에서 온 상인들에게 팔아넘기는 일이 흔했다.

흑인들을 붙잡아 백인들에게 넘겨주는 흑인 노예 사냥꾼들은 몸값으로 받는 총이나 술 같은 물건을 받고 매우 즐거워했다고 한다. 쏠쏠한 돈벌이를 잘 마쳤다는 식으로 말이다. 19세기 아프리카에서 의료봉사 활동을 하던 리빙스턴 박사가 흑인 노예 사냥꾼들을 보고 "같은 형제인 흑인들을 사악한 백인 노예 상인들에게 팔아넘기다니! 그것도 고작 사람 죽이는 것밖에 못하는 총이나 칼 같은 무기 몇 개에 눈이 멀어서!" 하고 탄식한 일화는 엄연한 진실이었다.

백인을 위해서 혹사당한
흑인 노예들

놀랍게도 흑인들을 취급하는 백인 노예 상인들은 비교적 높은 사회적인 지위와 부를 가진 자들이었다. 노예무역의 시초를 연 엔리케 왕자만 해도 포르투갈의 최고위층 출신이었다. 하기야 그 당시에 배를 장만하고 많은 선원을 부려 노예 사업을 벌일 정도의 재산이 있는 사람이 사회적 하층민일 리 없지 않은가.

노예로 붙잡힌 흑인들은 인간 이하의 대우를 받았다. 애초에 백인들은 흑인 노예를 자신들과 동등한 인격을 지닌 존재로 보지 않았다. 자신들과 전혀 다른 겉모습을 지녔고 문명인의 필수 조건이라 할 기독교를 믿지 않는다는 이유에서였다.

노예 상인들은 흑인들을 배에 태우고 나서는 곧바로 그들의 어깨에 낙인을 찍었다. 번호를 찍어 식별하기 쉽게 하려는 목적도 있었지만, 그들을 사람이 아닌 소나 돼지 같은 가축 정도로 취급한다는 뜻이었다. 이렇게 노예선에서 흑인들은 쇠사슬에 묶여 꼼짝도 할 수 없는 상태로 먹고 자고 심지어 대소변도 그 상태로 해결해야 했다. 배에 들끓는 쥐와 벼룩은 병을 옮기며 흑인 노예들을 괴롭혔다. 어지간히 건강한 사람이 아니라면 세균에 감염되어 죽기에 딱 좋았다.

흑인 노예들에게 주어지는 식사마저 변변치 않았다. 선주와 선원들은 노예들에게 아프리카가 원산지인 얌yam(고구마의 일종)만을 주었다. 값이 싸고 열량이 높아 적은 양으로도 배를 채울 수 있기 때문이었다. 그런데 얌에는 불포화지방이 많이 들어 있어서 굶주려 있던 흑인들이 허겁지겁 먹어대다가 배탈이 나는 바람에 설사

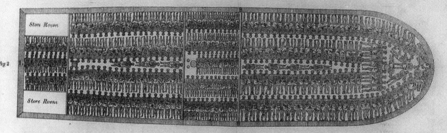

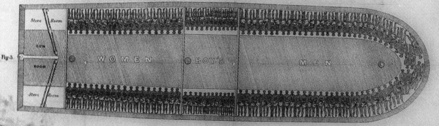

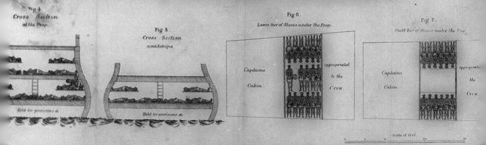

노예를 짐짝처럼 실은 노예선의 단면도

를 하기 일쑤였다. 비참하게도 흑인 노예들은 자신이 싼 배설물 위에 그냥 앉거나 누워 있을 수밖에 없었다. 노예로 끌려간 흑인들에게 주어진 공간은 간신히 자기 몸을 지탱할 정도에 불과했다.

노예선에 실린 흑인들은 얼마나 끔찍한 고통을 겪었는지 고향인 아프리카에서 신대륙까지 가는 동안 약 3분의 1 정도가 병으로 죽거나 혀를 깨물어 자살했다. 선원들은 가끔 노예들을 갑판 위로 올라가 시원한 바닷바람을 쐬게 해주었다. 노예들을 배 안에 방치했다간 모두 병에 걸리거나 스트레스로 죽어버릴 것 같아 취한 조치였다.

그런데 바로 이때를 기다리는 노예들이 있었다. 압박을 견디다 못한 흑인 중 몇몇은 선원들이 쇠사슬을 느슨하게 풀어주는 틈을 타서 있는 힘을 다해 바다로 뛰어들었다. 고통을 받으며 있느니 차라리 죽음을 감행한 도박을 선택한 것이다. 대부분은 그대로 익사했지만, 간혹 일부는 선원들에게 구조되어 다시 선창에 처박혀야 했다. 선원들이 인도적인 차원에서 흑인 노예를 구한 건 결코 아니었다. 노예는 그들에게 어디까지나 상품이었고, 상품의 수가 줄면 그만큼 손해가 나기 때문이었다.

열악한 환경 속에서 전염병 비인간적인 대우를 간신히 극복하고 신대륙에 도착한 흑인 노예들에겐 더 큰 슬픔이 기다리고 있었다. 가족이나 친척이 함께 잡혀온 흑인들도 많았는데, 그들은 대부분 헤어져 먼 곳으로 팔려갔다. 가족을 떠나보내지 않으려고 울부짖으며 발버둥치는 흑인들을 백인 노예 상인들은 욕설을 퍼부으며 채찍질을 해 억지로 떼어놓았다.

대항해시대와 르네상스 기간 동안 흑인 노예가 집중적으로 끌

흑인 노예를 판다는 광고가 실린 신문

려간 곳은 서인도제도였다. 유럽인들이 일찍이 정착한 이곳의 원주민들은 백인들이 저지른 학살과 그들에게서 전염된 질병 때문에 대부분 죽어버렸다. 그 때문에 수많은 흑인 노예가 세인도제도로 끌려왔다. 이들은 주로 사탕수수 농장이나 커피 농장에서 일했다. 그들은 최소한의 숙식만을 제공받으며 제대로 쉬지 못한 채 중노동을 강요받았다.

흑인 노예들은 백인 주인을 따라서 강제로 전쟁에 투입되기도 했다. 1532년 잉카제국을 침략했던 스페인 정복자 프란시스코 피사로는 그의 군대에 흑인 노예들을 넣었다. 이들은 백인들을 따라다니면서 수백만에 달하는 잉카인과 맞서 싸워야 했다. 더구나 흑인 노예들은 무기 수송, 요새 구축, 치료, 진화 작업 등 백인을 위해서라면 온갖 궂은일을 도맡아야 했다. 운이 나빠 전세가 불리해지면 잉카인들의 손에 백인과 함께 죽음을 당하는 신세에 처하기도 했다.

16세기 말, 동양에서도 비슷한 일이 있었다. 중국과 일본 등지로 진출하여 해상무역을 하던 포르투갈인들은 아프리카에서 데려온 흑인 노예를 병사로 부렸다. 개중에는 임진왜란 때 명군에 소속되어 참전한 흑인 병사도 있었다. 아마도 마카오를 근거지로 중국과 교역하던 포르투갈인들이 명나라로 팔아넘긴 듯하다. 《조선왕

1840년 '세계 노예제 폐지 대회'가 영국 런던에서 열렸다. 이 대회에 참가한 미국 대표단에는 훗날 최초의 '여성 노예제 폐지 협회' 창설자인 루크 레티아 모트Lucretia Mooit가 있었다. 하지만 일부 미국인이 여성의 참가를 반대하는 바람에 대회 주최측은 남성 대표에게만 좌석을 주었다. 이를 계기로 모트는 여성의 권리를 신장하는 대회를 미국에서 개최하기로 결심한다.

조실록》은 이들을 해귀海鬼로 묘사하고 있다. 전국시대가 한창이던 일본에도 흑인 노예가 팔려왔다. 그중 일부는 유명한 봉건영주인 오다 노부나가의 시종이 되기도 했다고 한다.

이렇듯 15세기 중엽 르네상스 시대와 함께 시작된 흑인 노예무역은 1863년 1월 1일 미국의 링컨 대통령이 공식적으로 노예제 폐기를 선언할 때까지 무려 400년간 이어졌다. 4000만 명이 넘는 흑인이 머나먼 신대륙과 유럽으로 납치되어 노예로 살아야 했다. 400년간 이어진 인간 이하의 만행은 르네상스의 또 다른 어둠이었다.

10

제노사이드

신대륙에서 벌어진 대학살의 진실

RENAISSANCE

흔히 인종 학살이라고 하면 사람들은 제2차 세계대전 당시 독일의 나치가 벌인 유태인 대학살(홀로코스트)을 떠올린다. 그러나 그보다 훨씬 이전에도 홀로코스트에 맞먹는 수준의 대학살은 종종 있었다. 그중 하나가 16세기 초 신대륙에서 스페인 군대가 자행한 원주민 학살이었다.

1492년 콜럼버스는 기나긴 항해 끝에 서인도제도의 쿠바 섬에 도착한다. 쿠바 원주민들을 본 그는 일기에 이렇게 소감을 적었다.

"이들은 무기도 군대도 없다. 쉽게 포획해서 노예로 부릴 수 있다."

그 말대로 쿠바 원주민들은 콜럼버스와 함께 온 스페인 군대에 의해 살육당해 사라져 버렸다.

그로부터 30년이 지난 뒤 서구인들의 살육은 더욱 극악해졌다. 1521년 에르난 코르테스Hernán Cortés가 이끄는 스페인 군대가 아즈텍제국을 멸망시켰고, 1572년 잉카제국의 마지막 황제 투팍 아마루Thupaq Amaru가 스페인 군대에 붙잡혀 처형됨으로써 잉카제국도 멸망했다.

신대륙의 두 나라가 무너질 때 수백만에서 수천만에 이르는 신대륙의 원주민이 죽음을 당했다. 스페인의 창칼이나 화약 무기가

크리스토버 콜럼버스. 신대륙 발견자이자 용감한 탐험가로 알려졌으나 그는 저항하는 원주민들을 개먹이로 던져줄 만큼 잔인한 학살자이기도 했다.

그들을 몰살한 게 아니었다. 스페인 사람들이 가져온 병원균은 외부 세계와 단절된 상태로 살던 신대륙 원주민들에게 끔찍한 세균 병기나 다름없었다.

이성과 합리성이 펼쳐지던 르네상스 시기의 주인공인 서구인들의 손에 의해 이토록 잔혹한 살육이 벌어진 것은 도대체 무슨 이유 때문일까?

신대륙을 약탈의 대상으로
보았던 서구인들

대항해시대가 열리기 전부터 서구인들은 다른 문명권과 접촉하고 있었다. 역사적으로 볼 때 서구가 타 지역과의 교류를 항상 폭력적으로 한 것은 아니었다. 그런데 서구인들이 아즈텍과 잉카 등 신대륙 문명을 상대할 때는 전혀 딴판이었다. 그들은 신대륙 원주민과 평화적으로 공존하려 하지 않았다. 종교, 언어, 풍습, 문화를 철저히 부정했을 뿐 아니라 원주민에게 강제로 서구의 문명을 이식하려 했다. 거부하는 자들은 모두 야만인으로 분류하여 잔혹하게 죽였다. 왜 그랬을까?

우선 서구인들은 신대륙과 그곳에 사는 원주민에 관해 전혀 아는 바가 없었다. 그들이 보기에 신대륙의 문명과 인종, 문화는 너무나 이질적이었다. 오랫동안 접촉해온 아랍이나 인도, 중국과는 완전히 달랐다. 원주민들은 문자도 가지고 있지 않았다. 심지어 1000만에 달하는 인구와 중앙집권적인 통치 체제를 갖춘 잉카제국조차 문자가 없어 노끈으로 매듭을 꼬아 만든 키푸quipu로 의사소통을 대신했다. (그나마 아즈텍에는 문자가 있었다.)

또한 신대륙에는 유럽과 아랍, 인도와 중국 같은 구세계에서 오

아즈텍인들이 피라미드에서 벌였던 피의 인신공양. 제물이 된 사람의 심장을 꺼내 태양신에게 바쳤다. 인간 제물은 주로 죄수나 전쟁포로들이었다.

래 전부터 사용하던 세 가지 도구가 없었다. 그것은 철과 말과 바퀴였다. 아즈텍과 잉카는 어떤 의미에서 석기시대를 기반으로 한 고대 이집트의 고왕국 수준에 머물러 있었다. 그렇기 때문에 스페인 군대가 침입해왔을 때 신대륙 원주민들은 그들이 괴물 같은 짐승(말)을 타고 햇빛을 받으면 번쩍이며 빛나는 쇠를 갑옷이나 무기로 사용하는 모습을 보고는 사람이 아니라 전설 속에 나오는 신으로 생각해 무척이나 당황했다.

유럽인들이 신대륙 원주민에게 혐오감을 품은 큰 요인이 있었다. 유럽이나 아랍과 중국에서는 이미 사라진 인신공양을 원주민들이 예사로 저질렀기 때문이다.

한 예로 아즈텍제국은 인근의 다른 부족들과 자주 전쟁을 벌였는데, 그때 잡아온 포로들을 피라미드 신전으로 끌고 가서 흑요석 칼로 심장을 도려낸 다음 태양신에게 제물로 바치는 의식을 치렀다. 그리고 (끔찍하지만) 죽은 포로들의 살을 토마토와 함께 버무려 먹어치웠다고 한다.

옥수수를 비롯한 대량의 작물을 재배할 수 있었던 아즈텍제국에서 어째서 대규모의 식인 의식을 치렀는지 알 수 없는 일이나 많은 학자의 연구에 따르면 이곳에 동물성 단백질을 충분히 제공할 만한 큰 가축이 없었기 때문에 부득이하게 벌인 일이라고 한다.

어쨌든 아즈텍제국 원주민들이 벌인 대규모의 인신공양 의식은 유럽인들에게 크나큰 공포와 혐오감을 불러일으켰고 그러한 이유에서 그들을 적대적인 대상으로 여기게 되었다고 볼 수 있지 않을까? 그러나 이러한 추측에는 문제가 있다. 아즈텍과 달리 잉카제국에는 포로를 잡아다 신에게 바치고 그 살을 먹어치우는 인신공양이나 식인 풍습이 없었다. 그럼에도 피사로가 지휘하는 스페인 군대는 잉카제국의 존재를 알자마자 철저하게 군사적 공세를 퍼부어 멸망시키고 말았다.

그렇다면 서구인들이 신대륙 문명과 공존을 택하는 대신 총력전으로 파괴를 일삼고 멸망시킨 진짜 이유는 과연 무엇이었을까? 그 해답은 원주민들이 가지고 있던 황금과 은에서 찾아야 한다.

정복자들이 탐낸
신대륙의 금과 은

신대륙의 발견자로 알려진 콜럼버스는 대체 무엇을 위해서 온갖 고생을 무릅쓰고 대서양 항해를 단행했던 것일까? 위인전에 나오는 내용처럼 '위대한 의지와 불굴의 모험 정신' 같은 허무맹랑하고 추상적인 이유 때문은 아니었다. 이는 결과를 보고 후세 사람들이 꾸며낸 겉포장에 불과하다. 사실상 콜럼버스가 신세계로 떠난 목적은 금을 찾기 위해서였다.

항해하던 도중인 1492년 12월 26일, 콜럼버스는 항해일기에 "나는 많은 황금을 발견하고 손에 넣고 싶다. 군주들도 내가 그들에게 황금을 바치기를 바랄 것이다"라고 적었다. 즉 콜럼버스는 금을 찾기 위해서 머나먼 신대륙으로 떠났고, 그런 그를 스페인의 이사벨라Isabella 여왕이 적극적으로 후원했던 것이다.

콜럼버스가 최초로 발을 디딘 쿠바 땅에서 약간의 사금이 났으나 금세 바닥나고 말았다. 실망한 콜럼버스는 그 후 아이티나 파나마 등지를 항해했지만 간절히 원하던 황금은 끝내 찾지 못했다.

콜럼버스는 1506년에 죽었으나 서구인들은 황금을 향한 열망을 버리지 않았다. 오히려 콜럼버스의 항해로 말미암아 발견된 땅에서 서쪽과 남쪽으로 나아가 황금이 있을 만한 땅을 찾으려 했다. 그러던 차에 아즈텍과 잉카제국의 존재가 그들에게 포착된 것이었다.

1519년 쿠바의 스페인 군대 장교인 에르난 코르테스는 지금의 멕시코인 아즈텍제국을 향해 원정을 떠난다. 그는 얼마 전 풍랑에 휩쓸려 멕시코 해안가를 표류하다 그곳 원주민에게 억류되었다가 탈출하여 돌아온 스페인 신부와 군인들한테서 아즈텍제국의 존재를 전해 들었다. 그들은 코르테스에게 원주민과 함께 생활하면서 그들의 언어를 조금 알게 되었다며 해안가에서 서쪽으로 가면 어마어마한 양의 황금을 가진 원주민 군주가 살고 있다는 이야기를 들려주었다. 코르테스는 그 황금을 차지하기 위해서 아즈텍 원정을 떠났다.

잉카제국을 침략한 또 다른 스페인 정복자인 프란시스코 피사로Francisco Pizarro도 마찬가지였다. 그 역시 코르테스처럼 황금으로 궁전을 지을 만큼 부유하다고 알려진 잉카제국을 정복하고 그들이 가진 황금을 빼앗을 목적으로 페루로 원정을 나섰다. 당시 신대륙 정복에 나선 군인들은 스페인 서부의 황량한 변방 태생이거나 가난 때문에 부모로부터 버림받고 고아가 된 부랑아 출신이었다. 그들은 황금과 보물을 한몫 챙겨 부자가 되기 위해 생명의 위험은 아랑곳하지 않고 정복 전쟁에 앞 다투어 뛰어들었다.

피사로는 잉카제국으로 출정하면서 이런 말을 남겼다. "나는 농부처럼 밭을 갈기 위해 온 것이 아니다. 나는 오직 황금을 손에 쥐러 왔다." 그의 말은 스페인 정복자들의 생각을 대표하는 것이기도 했다. 수단과 방법을 가리지 않고 황금과 은을 차지하여 일확천금을 노리는 스페인 정복자들은 오늘날 마피아나 야쿠자 같은 무자비한 조직폭력배와 다를 바 없었다. 이런 자들한테 도덕이나 윤리를 기대한다는 것은 허망한 일이었다.

무자비한 스페인 정복자들

아즈텍으로 원정을 떠난 코르테스는 해안 지역과 내륙의 고산지대에서 저항하는 틀락스칼라 원주민들을 가볍게 제압한 후, 본래의 목적인 황금을 차지하기 위해 아즈텍제국의 수도인 테노치티틀란으로 향했다. 낯선 이방인들이 온다는 소식에 아즈텍 황제 몬테수마 2세Montezuma II는 직접 그들을 맞이하러 나갔다. 그러나 코르테스는 군사들을 시켜 몬테수마 2세를 테노치티틀란의 신전에 감금하고 그의 안전을 빌미로 아즈텍 주민한테서 막대한 양의 황금을 빼앗았다. 아즈텍 군주는 친히 코르테스를 영접하며 환영했지만 코르테스와 스페인 군사들은 폭력으로 응수한 것이다.

이뿐 아니라 코르테스는 자신의 승승장구를 두려워한 총독 디에고 벨라스케스의 의지와 상관없이 정복 전쟁을 벌였다. 이 같은 코르테스의 행동은 임무를 넘어선 반란으로 간주되어 쿠바에

아즈텍제국을 멸망시킨 스페인 정복자 에르난 코르테스

서 자신을 체포할 목적으로 출발한 스페인 원정군과 싸우러 동쪽 해안 지대로 떠났다. 그사이, 부장 알바라도는 아무런 무기도 없이 광장에서 평화적으로 축제를 벌이고 춤을 추던 수천 명의 아즈텍 귀족과 시민을 무자비하게 살육하는 만행을 저지른다. 이 사건으로 스페인 군사들을 우호적으로 대하던 아즈텍 주민이 돌아서는 바람에 결국 두 집단은 처절한 사투를 벌이게 된다.

잉카제국에서도 사정은 비슷했다. 스페인 군사들을 처음 본 잉카인들은 그들을 자신들이 숭배하던 태양신 비라코차가 보낸 사절로 여겼다. 잉카 황제 아타우알파Atahuallpa는 피사로가 이끄는 스페인 군사를 궁금히 여겨 그들을 직접 맞이하러 나갔다가 피사로와 스페인 군사들의 기습을 받고 체포되어 궁전에 감금되고 만다.

아타우알파 황제는 자신을 풀어준다면 높이 3미터, 길이 5미터, 너비 7미터가량의 방을 가득 채울 만큼의 황금을 스페인 군사들에게 주겠노라고 제안했다. 피사로가 고개를 끄덕이자 잉카 백성은 엄청난 양의 황금을 가져와 피사로 일행에게 주었다. 그러나 비열

프란시스코 피사로. 아타우알파 황제로부터 풍족한 금을 받고서도 그를 끝내 죽여버렸다. 잉카제국을 점령하고 현재 페루의 수도인 리마를 건설했다. 아즈텍제국을 멸망시킨 에르난 코르테스와 친척관계였다.

하게도 피사로는 황제를 풀어주지 않고 그를 죽여버렸다.

그럼에도 잉카인들은 스페인 군대를 가급적 관대하게 대했다. 1000만이 넘는 잉카의 인구에 비해 스페인 군사는 그 수가 200명도 되지 않았을 뿐더러 그들이 달라는 만큼 황금과 은을 가져다주면 만족하여 자기들이 왔던 곳으로 떠나리라고 생각했던 것이다.

그러나 스페인 군인들의 오만방자함은 점점 극에 달했다. 피사로의 이복동생인 곤살로Gonzalo가 잉카 황제 망코에게 왕비 쿠라오클로Cura Ocllo를 자신의 아내로 달라고 협박까지 할 정도였다. 이 말을 전해들은 잉카 황제와 잉카인들이 얼마나 큰 충격과 분노를 느꼈을까?

스페인 군사들은 망코 황제에게도 포악하게 굴었다. 그들은 "이 개자식아! 죽고 싶지 않으면 금을 내놔! 우리는 금을 가지러 여기에 왔어!" 하며 윽박질렀다. 스페인 본국에서는 굶주리고 살던 부랑아 출신의 병사들이 스페인 왕국보다 두 배나 넓은 영토를 지배하는 대제국의 황제에게 감히 '개자식'이라는 욕설을 퍼부은 것이다.

이도 모자라 스페인 군사들은 망코 황제를 구타하고 그에게 오줌을 싸대며 후궁들을 빼앗아 강제로 겁탈하는 등 실로 믿기지 않는 짓을 서슴없이 저질렀다. 스페인 군인들의 학대에 분노한 망코는 자비심을 호소했다.

"도대체 내가 당신들에게 무슨 잘못을 했기에 이리도 나를 핍박하는 것이오? 나는 지금까지 당신들이 요구하는 것은 전부 들어주지 않았소? 당신들이 달라는 만큼 금과 은을 계속 주었고, 나의 선조들이 지녔던 값진 보물까지 전부 주었소. 거기에 나의 왕비와 다른 여인들도 내주었소. 그런데 왜 나를 이렇게 학대하고 모욕하는 것이오? 나는 지금까지 당신들이 태양의 신인 비라코차의 사자인 줄로만 알았는데, 이제 보니 당신들은 사악하고 탐욕스러운 마귀인 것 같소!"

그러나 스페인 군사들은 망코의 간절한 호소를 무시하고, 그를 향해 "살고 싶으면 계속 금과 은을 내놓아라. 그렇지 않으면 너는 죽는다!" 하며 협박을 반복할 뿐이었다. 날이 갈수록 심해지는 스페인 군사들의 폭거와 만행에 참다못한 망코 황제는 잉카인들에게 스페인에 맞서 봉기하라고 선언하기에 이른다. 그가 스페인 군사들의 눈을 피해 귀족과 족장들을 몰래 불러들여 말한 내용을 보면 얼마나 스페인 군사들에게 설움을 당했는지 알만하다.

"저 스페인 침략자들은 우리를 미개한 동물처럼 여기면서 지극히 핍박하고 있다. 지금까지 우리는 저자들이 손을 벌릴 때마다 있는 대로 금과 은을 주었다. 하지만 저들은 우리에게 아무런 감사도 하지 않고, 계속 금을 요구하고 있다.

또한 저자들은 우리의 여인들을 끌고 가서 능욕하고 있다. 나의 왕비를 포함하여 수많은 여인이 저 무지막지한 스페인 침략자들에게 끌려가, 강제로 욕을 당했다.

우리가 저자들에게 어떤 잘못을 저질렀는가? 우리가 먼저 저자들의 나라에 쳐들어가서 재물과 여자를 요구하고 사람들을 죽였던가? 아니다. 우리는 저들에게 어떠한 잘못도 하지 않았다. 그런데도 저들은 우리나라에 멋대로 쳐들어와서 황제인 아타우알파를 죽였고, 나를 자기들의 마음대로 옥좌에 올려놓고, 잉카의 모든 재물을 빼앗으려는 데만 혈안이 되어 있다.

우리가 여기서 계속 저자들의 횡포를 참고 있다가는 나를 포함한 모든 잉카인이 영원히 저 파렴치하고 탐욕스러운 스페인인들의 노예가 될 것이다. 하지만 그렇게 될 수는 없다. 우리의 수는 저들보다 훨씬 많다. 모든 잉카인이 단결한다면, 기필코 저들을 물리칠 수 있다. 내가 앞장설 테니, 우리 모두 목숨을 바쳐 저 사악한 스페인 침략자들을 몰아내야 한다!"

잉카의 도시였던 마추픽추. 오늘날 페루에 있다.

망코 황제의 선언을 들은 귀족과 사제들은 모두 그의 말에 동의했다. 그들도 스페인 군대의 횡포와 탐욕에 진절머리가 났던 것이다.

아즈텍과 잉카를 비롯한 신대륙의 주민들이 불행했던 까닭은 침입자였던 스페인 군사들이 도덕심과 양심이 없는 무례하고 난폭한 강도였다는 데 있다. 두 제국은 스페인 정복자들에 의해 철저하게 멸망하고 말았다.

너무나도 지독한 스페인 군사들의 비인간적인 만행을 접하고 같은 스페인 사람이었던 바르톨로메 데 라스 카사스 신부조차 충격을 받아 "지금 스페인에서 멕시코로 항해를 하려면 따로 표지판이 필요 없다. 바다 위에 떠 있는 원주민들의 시체를 따라가면 멕시코가 보일 테니까! 도대체 저들 인디언들은 사람도 아니란 말인가?" 하고 탄식했다고 한다.

르네상스의 번영에 쓰인
피로 물든 신대륙의 황금

당시 스페인을 지배하고 있던 합스부르크 가문의 카를 5세 황제는

유럽에서 가장 넓은 영토를 보유한 군주였다. 그는 가톨릭의 수호자로 자처하며 오스만제국과 프랑스 등 여러 나라와 쉬지 않고 전쟁을 치르느라 해마다 막대한 돈이 필요했다. 이런 그에게 신대륙에서 들어오는 황금과 은은 가뭄에 내린 단비처럼 절실한 자원이었다.

하지만 스페인으로 들어오는 막대한 양의 황금 중 대부분은 국내 산업에 투자되지 못하고 네덜란드, 프랑스, 잉글랜드, 제노바, 베네치아 등 해외로 빠져나갔다. 스페인의 왕족과 귀족들이 신대륙에서 유입되는 황금과 은으로 베네치아와 네덜란드에서 군사 무기와 보석 등을 사들이는 한편 거대하고 화려한 성과 교회 건축 등으로 낭비해버렸기 때문이다. 그 덕분에 1527년 로마의 약탈 사건 이후에도 베네치아는 한동안 번영을 유지했다. 또한 스페인의 식민지였던 네덜란드는 아이러니하게도 스페인에서 들어온 금 덕분에 경제력을 축적하여, 17세기에 스페인으로부터 독립하고 나서 찬란한 번영을 누렸다. 실제로 17세기, 이탈리아의 르네상스가 쇠퇴하자 유럽 문예부흥의 중심지는 네덜란드로 옮겨갔다. 그러니 신대륙에서 들어온 피로 물든 황금이 유럽의 르네상스를 키운 원동력이라고 해도 지나친 속단은 아닐 것이다.

하지만 17세기에 들어와 금과 은을 너무나 많이 채굴하는 바람에 신대륙의 금광과 은광도 산출양이 줄어들었다. 이 때문에 신대륙에서 들어오는 금과 은에 의존하고 있던 스페인 경제는 내리막길을 걸었고, 그에 따라 스페인의 국력도 쇠퇴하고 말았다. 신대륙 원주민들을 학살하며 악착같이 금과 은을 빼앗던 스페인도 결국 끝은 안 좋았던 셈이다.

11

제국주의

서구 열강의 식민지 쟁탈전

RENAISSANCE

Xaltelolco.

얼마 전 영국인 학자 닐 퍼거슨Niall Ferguson은 "이제 500년 동안 이어져 온 서구의 세계 지배는 끝났다. 앞으로는 중국의 시대가 될 것"이라는 놀라운 발언을 남겼다. 중국이 세계를 지배하는 초강대국이 될지 안 될지는 알 수 없는 일이지만, 서구가 500년 동안 세계를 지배해왔다는 말은 한번쯤 그 뜻을 음미해볼 만하다. 과연 서구는 닐 퍼거슨 교수의 말대로 500년 전부터 세계를 주도해왔을까?

결론부터 말한다면 그렇다. 유럽과 미국으로 이어지는 서구의 세계 주도 움직임의 시발점은 1500년대에 벌어진 대항해시대, 즉 해외 식민지 개척에 두고 있다. 물론 역사적으로 서구가 다른 문명권이나 지역으로 진출한 시기를 서기 1500년대로 국한할 수는 없다. 기원전 323년 마케도니아의 알렉산더 대왕은 페르시아제국을 정복하고 그리스 문명을 멀리 중앙아시아와 인도까지 퍼뜨렸다. 마케도니아 이후에 등장한 로마제국도 서기 2세기 초, 트라야누스 황제 시절에는 유럽의 대부분과 북아프리카, 중동 서부 지역까지 지배하는 광대한 영토를 확보했다.

하지만 마케도니아 왕국은 알렉산더 대왕 사후 곧바로 분열되었고, 약 80년 만에 로마제국이나 이란에서 새로 일어난 파르티아 왕국에 흡수되어 세계사적으로 큰 영향을 미치지 못했다. 로마제국은 그보다는 오래 존속하며 서구 문명의 기반을 마련했으나, 그 영향권은 지중해 주변 일대로 국한된 것이었다.

로마제국이 멸망한 이후 유럽은 게르만족의 대이동으로 대혼란에 빠진다. 그리고 서기 7세기 초, 멀리 아라비아반도에서 이슬람교가 등장하면서 지중해 일대의 판세는 완전히 뒤바뀐다. 700년 넘게 그리스와 로마의 영토였던 북아프리카와 중근동 일대가 순식간에 이슬람 세력의 수중으로 넘어가기 때문이다. 이 때문에 일각에서는 진정한 중세의 시작은 게르만족의 대이동이 아니라 이슬람의 출현을 그 기점으로 보아야 한다고 주장하기도 한다.

여하튼 이슬람의 흥기로 말미암아 서구는 큰 위기에 몰렸다. 로마제국 시대부터 유럽의 안방이나 다름없던 지중해가 이슬람의 놀

이터로 변하면서 유럽은 수시로 이슬람의 위협에 시달려야 했다.

이러한 궁지에서 벗어나기 위해 11세기 이후 유럽 국가들은 힘을 모아 성지 예루살렘을 되찾는다는 명분을 내걸고 십자군을 일으켜 이슬람의 위협에서 벗어나고자 했다. 하지만 유럽의 선제공격을 받고 잠시 주춤했던 이슬람 쪽에 살라딘과 바이바르스라는 뛰어난 지도자들이 잇따라 나타난다. 이들을 중심으로 힘을 결집한 이슬람 세력이 1291년 중동에 남은 마지막 십자군 근거지인 아크레를 함락하면서 십자군 원정은 수포로 돌아간다. 이로써 유럽의 공세는 멈추고 만다.

십자군 원정이 끝난 이후 유럽은 더욱 거세진 이슬람의 압박에 직면했다. 특히 14세기 들어 소아시아 반도에서 급성장하던 오스만투르크는 유럽으로 세력을 뻗쳐 비잔티움제국과 세르비아, 불가리아 왕국을 정복하고 서부 유럽과 동부 유럽을 연결하는 관문인 비엔나까지 공격하는 등 유럽을 공포에 떨게 만들었다.

그런데 16세기에 들어 오스만투르크를 비롯한 이슬람 세력의 공세에 억눌려 있던 유럽에 새로운 움직임이 일어난다. 서쪽 대서양 건너편에 있는 아메리카 대륙과 동쪽의 인도 및 동남아시아의 해안 지대를 정복하면서 금융과 향신료 무역 등 근대 자본주의의 기초가 생성되었던 것이다. 식민지 개척으로 힘을 축적한 유럽은

1800년대에 이르러 순식간에 비서구권 지역을 정복하는 데 성공한다.

수백년의 역사를 간략하게 소개했지만, 유럽과 미국 같은 서구가 세계를 주도한 근원은 대항해시대에 있다고 볼 수 있다. 그리고 그 여파는 현재 진행형이다. 유럽 문명의 후계자라고 할 수 있는 미국은 오늘날 세계를 움직이는 초강대국이니 말이다.

중국과 인도 및 아랍은 왜 해외 식민지 쟁탈전에 나서지 않았을까

여기서 한 가지 의문점이 생긴다. 16세기 들어 서구가 아메리카 대륙과 동남아시아 등지로 진출하여 해외 식민지를 만들고 있을 무렵, 어째서 중국과 인도나 아랍에서는 이런 움직임이 일어나지 않았을까?

1980년대 무렵까지 이런 현상을 소개할 때는 약간 인종차별적인 시각이 들어 있었다. 서구인들은 태생적으로 모험을 좋아하는 용감한 성격인 데 반해 중국과 인도나 아랍인 같은 비서구인들은 게으르고 겁이 많은 민족이라는 시각이었다.

지금은 이런 오리엔탈적인 서술 방식이 대체로 사라졌으나 나이든 세대에는 이런 식의 생각을 고수하는 이가 여전히 많다. 1000만 부나 팔렸다는 한국의 대표적인 인문교양 서적인 《먼나라 이웃나라》의 1권 도입부에서도 위와 같은 내용이 버젓이 실린 적이 있었다.

비서구권 지역의 사람들이 나태해서 해외 진출을 하지 않았다는 시각은 전혀 사실이 아니다. 기원전 2세기 중국 한나라는 서역, 중앙아시아로 세력을 확장했으며 그 과정에서 포도주와 호박 같은 외부 문물을 들여왔다. 남부 인도의 촐라 왕조는 서기 5세기, 인도양을 건너 동쪽의 인도네시아와 말레이시아로 진출하여 주민을 이주시키고 수백 년간 인도계 거주민이 지배하는 식민지로 삼았다. 아랍인들은 7세기 중엽에 제국을 만든 지 불과 1세기 만에 서쪽으로는 스페인과 북아프리카에서 동쪽으로는 인도와 중국의 서부 변경 지대로 영토를 확장했다. 또한 멀리 아프리카와 동남아시아로 무역 선단을 보내 현지인들에게 이슬람교를 전파했다. 오늘날 인도네시아가 세계 최대의 이슬람 국가가 된 이유는 이슬람 상인들이 이슬람교를 전파했기 때문이다.

1405년부터 1433년까지 중국 명나라는 그 유명한 정화의 대항해를 단행한다. 28년 동안 7차례에 걸쳐 대선단이 말레이시아와 인도네시아에 이어 인도와 아라비아, 심지어 탄자니아 같은 동부 아프리카 지역까지 항해했다. 확실하지는 않지만 정화의 함대가 호주를 발견하고, 멀리 아메리카 신대륙까지 도달했다는 주장까지 제기될 정도다.

이런 역사적 사실을 보면 비서구권의 사람들이 겁이 많거나 게을러서 해외 진출을 하지 않았다는 관점은 명백한 인종차별적 주장이요 무지의 소산일 뿐이다.

그런데 중국과 인도, 아랍권이 19세기인 근대 무렵에 영국이나 프랑스 등 서구 국가들처럼 자국으로부터 멀리 떨어진 다른 지역에 광범위한 식민지를 개척하지 않았던 건 역사적 사실이다. 근대

명나라 영락황제에게 공물로 바쳐진 아프리카의 기린. 정화의 대원정이 낳은 성과였다. 아프리카 동부 지역의 추장들이 정화의 대선단에 탑승하여 중국을 방문하기도 했다.

이전에 먼 지역까지 탐험과 진출을 시도했던 그들이 서구 국가와 같은 전철을 밟지 않은 까닭은 무엇일까? 능력이 없었던 건 아니었는데 말이다.

결론부터 말하자면 구태여 그럴 필요가 없었다. 중국과 인도, 아랍은 이미 경제적으로 충분히 풍족한 상태였고, 많은 인구 덕분에 내수 시장이 충분했다. 내부적으로 새로 개척할 식민지라고 할 수 있는 변경 지역(중국은 신강과 사천, 인도는 남부의 데칸 고원, 아랍은 북아프리카 등)과 접하고 있었기 때문에 굳이 바다를 건너 무리하면서까지 식민지를 만들 이유가 없었다.

일례로 중국 명나라가 추진했던 정화의 대항해가 중단된 이유도 이런 내부 사정에서 비롯되었다. 막대한 자금과 인력을 동원해서 해외 교역을 추진하지 않더라도 국가 경제 운용에 아무런 문제가 없는데, 무엇하러 멀고 먼 해외로 사람을 보내느냐는 시각이 중국 지배층에 팽배했다. 그리하여 정화의 대항해에 동원된 선박들은 모두 폐기처분되었고, 정화 선단과 관련된 기록들도 불에 타 사라지고 말았다.

서구의 형편은 이와는 정반대였다. 적은 인구로 인한 좁은 내수 시장과 상대적으로 척박한 기후로 말미암아 농업 생산량과 인구 부양 능력에서 중국, 인도, 아랍보다 뒤떨어지는 상태였다. 앞서 살펴봤듯이 대항해시대가 열리던 15세기 말, 서구는 외부적으로 오스만투르크제국이 가하는 압박에 시달리고 있었다. 가만히 있다가는 내부적인 궁핍과 외부적인 압력에 의해 서구는 계속 움츠러들 위기였던 것이다. 대항해시대의 이면에는 위기를 극복하기 위해 필사적으로 위험한 바다로 나가야 했던 서구인들의 절박한 사정이 담겨 있다.

포르투갈, 대항해시대를 연 선두주자

15세기 세계 문명권의 변두리였던 유럽에서 포르투갈은 가장 변방에 속한 나라였다. 이베리아 반도의 대부분은 라이벌인 카스티야(당시까지 스페인은 카스티야와 아라곤, 두 나라로 나눠진 상태였다)가 차지하고 있었으며, 포르투갈은 대서양을 바라보는 서쪽의 해안가에 조그만 영토를 가진 작은 나라에 불과했다.

넓은 영토를 지배하는 영토형 대국이 될 수 없었던 포르투갈은 모든 힘을 바다로 쏟아 해상무역로를 장악하는 제해국의 길을 걸었다. 이로써 전 세계에 식민지를 건설해 '해가 지지 않는 제국'을

대항해시대를 연 엔리케 왕자 서거 500주년을 기념하여 포르투갈 리스본 제로니모스 수도원 앞 테주Tejo 강변에 발견기념비를 건립했다. 바스코 다 가마가 항해를 떠난 자리에 세운 이 기념비는 높이가 53미터에 달하며 많은 인물이 조각되어 있다. 뱃머리에 서 있는 사람이 바로 엔리케 항해왕이다.

건설한 영국보다 300년 앞서 포르투갈은 해양제국의 선구자로 우뚝 섰다.

여기에 또 다른 이유가 하나 있다. 르네상스 시대 유럽의 해상 무역은 지중해가 중심이었다. 그런데 지중해 무역은 동방의 이슬람 세력 및 그들과 결탁하는 베네치아가 전적으로 독점하다시피

했다. 유럽인들이 좋아하던 후추와 향신료, 설탕 같은 기호품들은 유럽 본토에서 생산되지 않아 동방에서 수입해야만 했다. 그런데 유럽으로 후추와 향신료, 설탕 등을 공급하던 이슬람 국가들은 가격을 유지하지 않고, 자신들의 마음대로 값을 올리기 일쑤였다. 유럽 국가들을 상대로 중계무역을 하는 베네치아 상인들도 거기에 맞춰서 값을 올렸다. 결국 유럽 국가들은 걸핏하면 폭리를 취하는 이슬람 상인들과 베네치아 상인들에 의해 막대한 무역 적자를 감수해야 하는 형편이었다.

베네치아는 사방이 바다로 둘러싸인 석호에 있어서 외부로부터 침입하기가 어려운데다 르네상스 당시 유럽 최강의 해군력을 보유하고 있었다. 그리고 15세기와 16세기 무렵 동방의 오스만투르크제국은 한 번의 전투에 10만이 넘는 대군을 거뜬히 보낼 만큼 강대해져 있어서 서구 국가들이 쉽게 건드릴 수 있는 상대가 아니었다.

결국 포르투갈의 항해 선단은 향신료와 설탕 같은 무역 상품을 베네치아와 이슬람 세력의 변덕에 휘둘리지 않고 안정적으로 교역할 새로운 무역로를 찾아 외부 세계로 눈을 돌릴 수밖에 없었다. 대항해시대에 지중해 무역권의 외부이자 대서양과 인접한 포르투갈은 운 좋게도 선구자가 될 수 있었다.

폭력으로 얼룩진
대항해시대의 어둠

하지만 대항해시대는 처음부터 폭력으로 얼룩져 있었다. 포르투갈은 가는 곳마다 토착 세력들과 충돌을 빚어 물의를 일으켰다. 한 예로 인도로 항해한 포르투갈 선단은 인도 서해안의 항구도시인 고아에 정박하고 인도인들에게 자신들이 가져온 면직물을 보여주었으나 비웃음만 샀다. 그들은 포르투갈인들에게 "우리나라에서 그런 옷감은 거지도 입지 않는다"며 조롱했던 것이다. 포르투갈인이 가져온 직물의 품질이 떨어지기도 했고 덥고 습한 인도 기후의 영향도 있었다.

약 300년 후인 19세기 초에는 영국의 상인들이 중국에서 똑같은 수모를 겪는다. 영국인들은 처음 개항된 광주에서 영국의 대표적인 공업 생산품인 모직물을 팔았지만 전혀 인기가 없었다. 광주의 무덥고 습한 날씨 때문에 양털로 짠 모직물을 사려는 사람들이 없었던 것이다.

이처럼 근대 초기까지 서양의 생산물은 동양에서 그다지 인기가 없었다. 반면 동양의 물품인 향신료와 설탕, 차, 도자기는 서구 사회에서 큰 인기를 끌었다. 서양에서 동양으로 들어오는 물품은 거의 없는 반면 동양에서 서양으로 팔리는 상품은 계속 늘었으니 시간이 갈수록 서구는 동방무역에서 손해를 보고 있었다.

서구는 정상적인 방법으로는 동양과의 교역에서 주도권을 잡을 수 없었다. 결국 이들은 '폭력'이라는 비상수단을 동원하여 동양의 물품들을 강제로 빼앗기 시작한다. 대항해시대에 벌어진 포르투갈의 약탈 및 침략적 제국주의를 온 몸으로 상징하는 인물이 한 명 있다. 포르투갈의 해군 제독이자 인도 서남부의 총독이었던

인도와 동남아 일대를 포르투갈의 식민지로 만들려고 했던 알폰소 데 알부케르케

알폰소 데 알부케르케Afonso de Albuquerque다. 그는 포르투갈에서 피달고fidalgo의 신분이었다. 피달고는 스페인의 히달고Hidalgo처럼 이름뿐인 작위만 있는 가난한 소소귀족을 가리키는 말이다. 알부케르케는 히달고 출신의 스페인 정복자인 에르난 코르테스와 프란시스코 피사로의 모범이 된 대선배였다. 스페인의 두 히달고들이 멕시코와 페루를 피바다로 만들며 정복했다면, 포르투갈의 피달고는 인도와 동남아시아를 무대로 살육과 약탈을 벌였으니 말이다.

알부케르케는 1453년 포르투갈의 수도 리스본에서 가까운 도시인 알한드라Alhandra에서 태어났다. 공교롭게도 그는 오스만제국이 비잔티움제국의 수도 콘스탄티노플을 함락시킨 해에 태어났다. 우연이겠지만 그는 일생 동안 오스만제국으로 대표되는 이슬람 세력과의 항쟁에 온 몸을 바쳤다.

그는 아버지 빌라 벨데 도스 프란코스Vila Verde dos Francos의 도움으로 포르투갈 국왕 알폰소 5세가 후원하는 대학에 들어가 법률과 수학, 라틴어 교육을 받았다. 이 과정에서 그는 미래의 포르투갈 국왕이 되는 주앙 2세와 친구가 되었다. 이렇게 해서 포르투갈 왕가와 인맥을 쌓게 된 그는 훗날 왕가의 도움을 대대적으로 받게 된다.

고등교육을 받았지만 알부케르케는 왕궁으로 들어가 관료가 되기보다는 멀리 해외로 원정을 떠나는 군대를 지휘하여 손쉽게 부와 명예를 얻는 방법을 택했다. 이런 거취는 훗날 스페인의 에르난 코르테스와 비슷하다.

1471년 알부케르케는 동방으로 가는 항로의 보급 기지를 마련하기 위해 알폰소 5세의 지원을 받아 멀리 동남부 아프리카의 탄자니아를 공격해 정복한다. 유럽인이 남부 아프리카를 식민 개척한 최초의 사례였다. 1503년 마누엘 1세Manuel I가 포르투갈의 새로운 국왕이 되면서 알부케르케는 더욱 힘을 얻는다. 마누엘 1세는 알부케르케의 해외 원정을 적극 지지했다. 이에 힘입어 알부케르케는 같은 해 4월 6일, 3척의 배로 구성된 함대를 이끌고 멀리 동방의 인도로 원정을 떠난다.

알부케르케가 지휘하는 포르투갈 함대는 인도 서남부의 도시인 코친Cohin의 왕을 도와 그에게 적대하는 캘리컷Calicut의 자모린Zamorin 군대에 맞서 싸웠다. 화승총과 대포를 사용하는 포르투갈군은 자모린 군대를 격파했고, 코친 왕은 그 답례로 자국 영토에서 포르투갈 군대가 머무는 요새를 건축하도록 허락해주었다. 아시아에 최초로 설치된 유럽인의 식민지 거점이자, 아시아를 지배하는 포르투갈 제국의 근간을 닦은 셈이었다.

첫 아시아 원정을 성공리에 이끈 알부케르케는 1506년 4월 6일 16척의 함대로 증강된 원정군을 이끌고 다시 해외 원정에 나선다. 그는 동부 아프리카의 소말리아 북동부와 아라비아반도 남서부인 예멘을 잇는 홍해의 중간에 있는 소코트라Socotra 섬을 점령하고 요새를 설치했다.

이탈리아의 마르코 폴로가 《동방견문록》에 소개한 것처럼 소코트라 섬은 근대 이전까지 고래에서 채취하는 기름인 용연향龍涎香의 최대 산지였다. 이곳을 손에 넣은 덕분에 포르투갈은 막대한 이익을 얻었다. 경제적인 이득 이외에도 소코트라 섬은 지정학적으로 매우 중요한 곳이었다. 아프리카와 아라비아의 교통로 중간에 자리 잡고 있는데다 강력한 이슬람 왕국인 이집트가 인도와 동남아시아로 나가는 홍해 무역로의 입구에 있어서, 이집트를 견제하는 데 매우 중요한 역할을 하는 지점이기도 했다.

소코트라 섬을 정복한 알부케르케는 홍해 무역을 지배하고 포르투갈의 아프리카 식민지를 더욱 굳건히 하기 위해서 탄자니아 인근 지역인 모잠비크에도 군사적 공격을 감행해 해안 지역을 식민지로 삼았다. 탄자니아는 19세기 중엽, 영국이 빼앗아 갔으나 모잠비크는 그 이후에도 1974년까지 포르투갈의 식민지로 남아 있었다.

1507년 알부케르케는 인도 서남부의 도시인 카나노르Cannanore
를 지배하던 영주에게 위협을 받던 코친의 포르투갈 주둔군을 배
후에서 지원하는 거점을 마련하기 위해서 페르시아, 지금의 이란
남부인 호르무즈 섬을 공격하기로 한다. 7척의 전함과 500명의 군
인으로 구성된 포르투갈 원정군은 1507년 9월 25일, 호르무즈 섬
과 무스카트를 점령하고 토착민의 항복을 받아냈다. 알부케르케는
그들에게 포르투갈의 속국이 되라고 강요했다. 이리하여 1622년까
지 호르무즈 섬은 포르투갈의 영토가 된다.

1508년 12월 알부케르케는 말라바르Malabar 해안의 카나노르에
도착해 국왕의 밀봉된 편지를 뜯어보았다. 거기에는 돔 프란시스
코 데 알메이다를 알부케르케를 돕는 식민지의 주지사로 임명한
다는 내용이 적혀 있었다. 자신이 누리던 권력이 침해받은 사실에
분노한 알부케르케는 알메이다를 쫓아내려 했지만, 그러기 전에
그가 카나노르를 지배하는 것을 반대하던 장교 디에고 로페즈 데
세퀘리아Diogo Lopes de Sequeira에 의해 감금되고 만다.

그가 없는 사이 알메이다는 포르투갈에서 도착한 증원군이 포
함된 군대를 거느리고 1509년 2월 3일 인도 서부 해역에서 이집트
와 오스만과 캘리컷 및 구자라트 같은 이슬람 세력 연합군과 그 유
명한 디우 해전Battle of Diu을 벌인다. 이 전투에서 포르투갈은 12척

의 캐랙carracks(대형 전함)을 포함한 18척의 함대와 1300명의 유럽인 군사와 400명의 현지인 용병으로 구성된 군대로 250척의 소형 함대와 수만 명의 병력을 거느린 이슬람 연합 함대를 상대해 대승을 거둔다. 대형 전함이 주축을 이룬 포르투갈 함대에 비해 이슬람 함대의 대부분은 소형 전함이기 때문이었다.

이로써 포르투갈은 약 100년 동안 인도양의 제해권을 거머쥐고 해상무역을 장악했다. 반면 이집트와 오스만제국은 약 100년 동안 인도양에서 축출되었다. 디우 해전이 있은 지 3개월 후 알부케르케는 석방되었다. 그 사이 경쟁자였던 알메이다는 포르투갈 본국으로 송환되었고 그에게 포르투갈 왕이 보낸 15척의 함대와 3000명의 군사가 도착하는 좋은 일이 있었다.

이리하여 1509년 11월 4일, 알부케르케는 인도의 모든 포르투갈 영토를 다스리는 두 번째 총독에 임명되었다. 인도에서 어느 정도 기반을 다졌다고 생각한 알부케르케는 다른 목표를 세운다. 당시 유럽에 막대한 수익을 벌어다 주는 향신료의 원산지인 동남아시아를 정복하는 일이었다. 알부케르케는 향신료 무역을 통제하고 지배할 수 있다고 자신했다.

1510년 11월 25일, 23척의 전함과 1200명의 군사로 구성된 원정군을 이끌고 알부케르케는 동남아시아로 통하는 거점인 인도 서부의 항구 도시인 고아Goa를 공격했다. 이때 고아 시는 9000명의 무슬림이 도시를 지키다가 포르투갈 군대의 격렬한 공격을 받아 6000명이 전사하는 타격을 입었다.

이렇게 해서 고아를 정복한 알부케르케는 포르투갈 국왕으로부터 고아를 다스리는 총독으로 임명된다. 고아 정복은 포르투갈이 인도와 동남아시아의 해안 지역을 지배하는 신호탄이 되었다.

다음 해인 1511년, 드디어 알부케르케는 동남아시아 정복에 나선다. 전쟁의 발단은 오늘날 말레이시아 남부의 항구도시인 말라카Malacca에 19명의 포르투갈인이 억류된 사건이었다. 알부케르케는 포르투갈인을 해방한다는 명목을 내걸고 1511년 4월, 18척의 전함과 900명의 포르투갈 군사와 200명의 힌두교 용병으로 구성된 원정군을 이끌고 말라카로 향했다. 당시 말라카는 인도양을 동서로 가로지르는 해상무역의 중심지여서 중국인과 일본인, 자바인, 인도인, 벵골인, 페르시아인, 아랍인 등 동서양의 수많은 민족이 모여 살던 국제도시였다.

말라카를 다스리던 술탄 무하마드 샤Sultan Mahmud Shah는 2만 명의 민병대와 2000명의 용병에 포병대까지 갖추고 있었다. 그러나 그에게는 치명적인 결점이 있었다. 시민에게 인기가 없었고 도시의 경제권을 쥔 무역 상인들로부터도 불평을 듣고 있었다는 사실이다.

이런 상황에서 알부케르케가 이끄는 포르투갈 함대가 접근하자, 싸움을 원치 않던 무하마드 샤는 포르투갈인 포로 19명을 석방했다. 그러나 알부케르케는 무하마드 샤의 조처에 아랑곳없이 7월 25일 새벽 말라카 공격을 감행했다.

포르투갈 군을 목격한 술탄 무하마드 샤는 전투용 코끼리를 앞세워 저항했다. 코끼리를 본 포르투갈 군은 처음에는 당황했으나 이내 코끼리를 상대로 소총과 석궁으로 집중 사격을 퍼부어 달아나게 만들었다. 믿었던 코끼리가 달아나자 말라카 시를 지키던 수비군은 사기가 떨어져 도시 안으로 철수했다. 그대로 농성만 잘했더라면 인원수와 보급에서 불리한 포르투갈은 말라카를 얻지 못했을 것이다. 그러나 시작부터 겁을 먹었던 무하마드 샤는 8월 24일, 몰래 몸을 빼어 달아나고 만다. 시를 지키는 총책임자가 도망치자 말라카의 방어 체계는 순식간에 무너져 알부케르케가 이끄는 포르투갈 군대는 도시로 진입하여 무자비한 약탈과 살육을 마음껏 저질렀다.

말라카를 손에 넣은 알부케르케는 주화를 발행하고 그의 원정에 도움을 준 힌두교 상인 니나 카투Nina Chatu를 행정관으로 임명하여, 말라카를 공식적인 포르투갈 영토로 선언한다. 그리고 1511년에는 인근의 수마트라와 시암 왕국(태국)에 대사관을 설치하고, 1512년에는 3척의 배를 보내 말레이시아의 자바 섬과 암본Ambon, 순다Sunda 섬 등 향신료가 재배되는 말루쿠 군도Maluku islands를 탐험했다.

이 밖에 알부케르케는 1513년 중국 명나라 남부 항구도시인 광저우에 사신을 보내 정식으로 무역협정을 체결한다. 이는 중국과 유럽의 첫 상업적인 관계가 되었다. 이처럼 동남아시아에서 활동하던 알부케르케는 1513년, 포르투갈 왕실의 명령으로 홍해 방면으로 송환된다. 일찍이 그가 점령했던 소코트라 섬 인근 지역에서 오스만제국의 영향력이 확대되는 상황을 포르투갈 왕실이 우려했기 때문이었다.

같은 해 2월, 1000명의 포르투갈 병사와 400명의 말라발리스 용병을 거느리고 홍해를 항해한 알부케르케는 아라비아반도의 항구도시 제다를 점령하려 했으나, 때마침 거센 풍랑이 불어 실패하고 파도에 휩쓸려 많은 병력과 물자를 잃었다. 그럼에도 알부케르케의 기세는 꺾이지 않았다.

1513년 8월, 그는 이집트 맘루크 왕조에 치명타를 가하기 위해 더욱 대담한 계획을 세운다. 모든 무슬림의 성지인 메카를 공격하여 이슬람교 창시자인 예언자 무하마드Prophet Muhammad의 무덤을 파헤치고 그 유골을 볼모로 삼아 전 세계의 무슬림들로부터 막대한 몸값을 받아낸다는 발상이었다. 만약 이 계획이 실행되었다면 격노한 이슬람과 기독교 간의 십자군 전쟁이 다시 일어났을지도 모를 일이다.

알부케르케는 1515년 12월 16일 사망할 때까지 인도 서부 해안의 도시 70개와 지금의 동티모르 및 숨바 섬 지역을 무력으로 정복하며 동방에 포르투갈의 식민 제국을 건설했다. 그런 공로를 높이 사서 포르투갈의 마누엘 1세는 그에게 왕족 출신이 아닌 포르투갈인으로서는 최초로 공작의 칭호를 내려주었다. 사후에 알부케르케는 동방의 카이사르, 바다의 사자, 포르투갈의 마르스Mars(전쟁신)로 불렸으나 그가 정복한 지역의 무슬림들과 아시아인들에게는 무자비한 학살자에 불과할 뿐이었다.

세계대전의 전초전이 된
서구 국가들의 식민지 쟁탈전

포르투갈에 비해 동남아 식민지 개척에 뒤늦게 뛰어든 스페인은 1565년 동남아로 진출하여 필리핀을 식민지로 삼았다. 이때 스페인 국왕은 펠리페 2세였다. 필리핀이란 국명은 그의 이름을 본따 붙여진 것이라고 한다.

필리핀은 이후 약 320년 동안이나 스페인의 식민지로 남았다. 필리핀이 아시아 국가에서 가장 가톨릭 신자가 많고, 크리스마스를 공휴일로 삼은 이유에는 철저한 가톨릭 국가인 스페인의 식민지였다는 역사적인 유래가 있다.

17세기가 되면 후발 주자인 네덜란드와 영국이 동남아로 진출한다. 두 나라는 향신료인 육두구 열매가 자라는 인도네시아의 아이 섬을 두고 치열한 각축전을 벌이는데, 항해술과 해전 기술에서 앞선 네덜란드가 육두구 전쟁에서 승리하여 19세기까지 인도네시아 전역을 식민지로 삼았다. 패배한 영국은 그대로 물러서지 않고 19세기 말이 되자 다시 동남아시아로 진출하여 미얀마, 말레이시아, 싱가포르를 식민지로 삼는다.

이렇듯 르네상스 시대로부터 시작된 서구 열강의 식민지 정복전은 본격적인 제국주의 시대가 열리는 19세기 말로 접어들면서 남아시아 전역을 서구의 식민지로 만드는 결과를 초래했다. 하지만 본토에서 멀리 떨어진 낯선 곳을 다스리다 보니 서구 열강의 통치는 생각보다 그리 견고하지 않았다. 게다가 이방인들의 지배를 반기지 않는 인도와 동남아의 토착민들이 자주 봉기를 일으켜 서

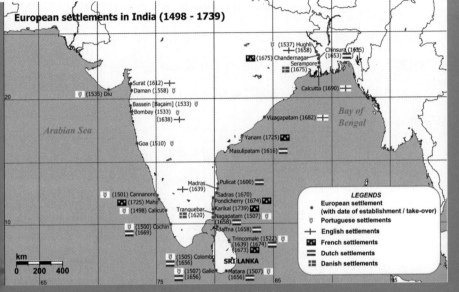

European settlements in India (1498 - 1739)

LEGENDS
• European settlement (with date of establishment / take-over)
Portuguese settlements
English settlements
French settlements
Dutch settlements
Danish settlements

1498~1739년 사이 인도에 있던 유럽 여러 나라의 식민지

구인들을 몰아내려 했다.

스페인의 지배를 받던 필리핀에서는 16세기 말과 17세기 초에 걸쳐 세 번이나 화교들의 봉기가 일어날 정도였다. 그때마다 필리핀을 지배하던 스페인 당국은 무자비한 진압으로 응수했다. 필리핀의 홍하紅河라는 강은 스페인 군대에 맞서다 죽음을 당한 3만 화교의 피로 붉게 물들었다고 해서 그 같은 이름이 붙었다고 한다.

식민지를 건설하고 통치하던 서구 열강은 공통된 문제를 안고 있었다. 넓은 식민지를 관리할 인구가 절대적으로 부족하다는 점이었다. 서구 열강 중에서 아시아 식민지 개척의 선두주자였던 포르투갈은 16세기 당시 본국 전체의 인구가 고작 150만 명에 불과한 수준이었다.

결국 서구 열강은 피지배 민족을 분열시켜 통치하는 방법을 택했다. 일제강점기에 일본이 친일파를 양성하여 대다수 조선인을 통제하려 했던 것과 같은 방법이다. 그 결과 인도나 동남아의 식민지들은 오래 전에 시작된 민족 간 내분과 분규가 독립 이후 오늘날까지 끊이지 않고 있다.

식민통치로 말미암아 동남아시아 주민은 자신들의 문화나 일상과는 전혀 맞지 않는데도 서구인들이 가져온 물품을 강제로 사서 써야 했다. 이렇게 동남아시아 식민지들은 노동력 착취와 상품 시장이라는 이중의 억압 속에 신음했다.

르네상스 시대에 향신료로 대표되는 신대륙 상품의 약탈과 자국 상품의 수출 시장 확보를 위한 식민지 개척 경쟁은 400년 후에 전개될 세계대전의 예고편이었다고 해도 과언이 아닐 것이다.

러시아의
시베리아 정복

포르투갈의 동남아 침략에 못지않게 르네상스 시대에 벌어진 중요한 역사적 사건이지만, 그리 잘 알려지지 않은 일이 하나 더 있으니 바로 러시아의 시베리아 정복이다. 이 사건은 세계 역사뿐 아니라 한국의 역사에도 굉장히 큰 영향을 끼쳤다.

지금은 조용하지만 1999년 5월, 《공자가 죽어야 나라가 산다》라는 책이 출간되어 국내에서 큰 파장을 불러일으켰다. 이 책의 저자인 김경일 교수는 유교 문화와 한국 사회의 낙후성을 비판했는데, 본문 중에서 고구려와 발해가 있었던 만주는 러시아 영토인 연해주와 가까우니 고구려인과 발해인들은 러시아인과 혼혈이 된 집단일 가능성이 있다는 뉘앙스가 담긴 말을 남겼다.

하지만 그런 주장은 엄연히 잘못되었다. 우선 연해주가 러시아 땅이 된 때는 1860년 청나라와의 베이징조약이 맺어지고 나서였다. 러시아인들의 시베리아에 진출은 아무리 빨리 잡아야 서기 16세기 중엽에서야 가능했다. 그러니 고구려와 발해가 활동하던 기원전 1세기에서 서기 10세기까지 연해주와 시베리아에 러시아인들은 얼씬도 하지 않았고, 당연히 고구려인이나 발해인들이 러시아인

러시아제국이 차지했던 영토를 나타낸 지도. 최전성기에 러시아는 유럽, 아시아, 아메리카 3대륙에 걸쳐 국토가 이어진 거대한 나라였다.

들과 혼혈이 될 일도 없었다.

그렇다면 김경일 교수는 어째서 그런 오류를 저질렀을까? 아마 지금 연해주가 러시아 땅이니, 고구려와 발해가 활동하던 시기에도 연해주가 러시아 영토라고 생각했기에 그렇게 서술했던 것 같다.

하지만 원래 러시아는 지금처럼 유럽과 아시아에 걸친 큰 나라가 아니라 우랄산맥 서쪽의 키예프와 노보고르드 등의 작은 도시 국가로 나뉘어 있었다. 처음에는 통일된 나라도 아니었던 것이다. 또한 서유럽인들은 서기 9세기부터 13세기까지의 초창기 러시아를 가리켜 "세례를 받은 곰"이라고 부르며 업신여겼을 만큼, 러시아는 유럽에서 매우 낙후한 변방에 불과했다.

러시아의 여러 도시국가는 서로 사소한 분쟁을 일삼으며 지내다가 서기 1236년 동쪽에서 불어닥친 태풍에 휩쓸린다. 1206년 몽골제국을 세우고 세계 정복에 나선 칭기즈칸의 손자인 바투칸이 이끄는 몽골군이 쏜살같이 몰려와 러시아를 침략한 것이다. 러시아의 도시국가들은 당시 세계 최강의 군사력을 갖춘 몽골군의 상대가 되지 못했다. 라잔, 수즈달, 키예프 등이 파죽지세로 몽골군에게 무너졌고, 북쪽의 노보고르드는 거대한 진흙탕 때문에 침략은 면했으나 몽골군의 위세에 굴복하여 그들을 종주국으로 섬기며 공물을 바쳐야 했다. 그리하여 1242년이 되자 러시아의 모

러시아를 공격하는 몽골군을 묘사한 그림. 몽골군의 침략으로 러시아는 치명적인 타격을 받고 2세기 동안 낙후한 상태로 머물러야 했다.

든 도시국가가 몽골의 속국으로 전락하고 말았다. 러시아를 굴복시킨 바투칸은 러시아 남부에 킵차크 칸국(1237~1502)을 세웠고, 러시아 도시국가들의 영주들은 킵차크 칸국을 정기적으로 방문해 충성을 맹세하며 공물을 바치는 것을 연례행사로 여겼다.

1세기가 지나자 킵차크 칸국은 왕위 계승을 둘러싼 내분과 남쪽에서 쳐들어온 티무르 제국의 공격으로 수도 사라이가 함락되면서, 서서히 국력이 쇠퇴하기 시작했다. 아울러 러시아에도 변화의 바람이 불고 있었는데, 현재 러시아의 수도가 된 모스크바 공국(1283~1547)이 다른 도시국가들을 복속시켜 영토를 넓히면서 러시

모스크바 공국의 군주인 이반 3세. 그의 치세 하에 러시아는 비로소 몽골로부터의 예속을 끊고 자주적인 국가로서 새로운 발걸음을 하게 된다.

아의 중심지로 발돋움하고 있었다.

1469년 모스크바 공국의 군주인 이반 3세Ivan III(1440~1505)는 러시아 역사에 길이 남을 획기적인 계기를 맞이한다. 1453년 오스만제국(터키)에 멸망당한 동로마제국의 공주인 조에 소피아가 이반 3세의 왕비가 된 것이다. 비록 망하기는 했지만, 서구 문명의 기틀을 이룩한 천 년 제국 로마를 정식으로 계승한 나라가 바로 동로마제국이었다. 그런 제국 황실의 피가 섞인 공주를 정식 아내로 삼았으니, 이제 러시아는 동로마 황실의 일원이 되어 동로마와 로마제국을 계승한다는 명분까지 얻을 수 있었다. 이반 3세로부터 시작해서 그 이후의 러시아 군주들은 "러시아야말로 로마와 동로마에 이은 세 번째 로마제국이며, 옛 로마제국의 후계자로서 로마의 영유권에 대한 정당한 계승권이 있다"고 주장하게 된다. 그 이전까지는 몽골에게 공물이나 바치는 유럽 동쪽 끝의 낙후한 변방에 불과했던 러시아가, 동로마 황실의 일원이 됨으로써 로마제국의 영광을 재현한다는 확고한 국가적 발전에 대한 목표가 생긴 것이다.

제3의 로마를 자처하며 모스크바 공국의 국력을 키운 이반 3세는 1480년, 모든 러시아인이 염원하던 또 하나의 목표를 이루었다. 그는 공물을 받으러온 킵차크 칸국의 사신을 향해 "우리는 더 이상

킵차크 칸국의 사신이 요구한 공물 징수를 거부하는 이반 3세

킵차크 칸국을 포함한 몽골인들에게 공물을 바치지 않겠다"고 선언했다. 이로써 러시아는 약 240년간 이어진 몽골에 대한 종속을 완전히 끊어버리고 독립국가로서 새롭게 시작할 길을 열었다.

　이반 3세의 선언에 분노한 킵차크 칸국은 군대를 보내 모스크바 공국을 응징하려 했으나, 얼마 못 가 제대로 싸워보지도 못하고 철수해버렸다. 240년 전에 러시아를 거침없이 휩쓸던 몽골군이 이제는 도망가버리는 약체로 전락해버렸으니, 참으로 역사의 흥망성쇠가 파란만장함을 느낄 수 있다. 그로부터 22년 후인 1502년, 킵차크 칸국은 내분이 격화되면서 카잔 칸국과 아스트라한 칸국과 크림 칸국 등 셋으로 분열되고 말았다. 반면 러시아는 1547년 모스크바 공국의 통치자로 이반 4세Ivan IV(1530~1584)가 즉위해 모스크바 공국을 중심으로 통일국가를 이룩하면서 강력한 위세를 갖추었다.

이반 4세는 러시아를 강대국으로 만든 성군인 동시에 잔인한

이반 4세의 초상화

통치를 일삼은 폭군이라는 모순된 면모를 지닌 인물이다. 그러나 그가 한 일들은 결과적으로 러시아와 세계사에 큰 발자취를 남겼는데, 그의 치세에 이르러 러시아는 비로소 광대한 시베리아를 자국의 영토로 편입하는 과정을 시작하게 된다.

1552년 카잔 공방전에서 이반 4세는 15만 명의 군사와 150문의 대포로 이루어진 대군을 이끌고 직접 지휘를 한 끝에 카잔 칸국을 멸망시켰다. 그리고 4년 후인 1556년에는 아스트라한 칸국도 러시아군에게 정복당함으로써, 볼가 강에서 시베리아로 나가는 길목은 모두 러시아의 손에 들어갔다.

카잔을 함락시킨 이반 4세. 300년 만에 러시아와 몽골 사이의 관계가 완전히 역전되었음을 알리는 사건이었다.

시비르 칸국을 정복한 예르마크의 초상화. 오늘날 광대한 시베리아가 러시아의 영토로 남아 있는 것은 그의 공이라고 할 수 있다.

아울러 이 두 사건은 러시아인들이 과거 자신들의 종주국인 몽골계 세력들을 거꾸로 지배하기 시작했음을 알리는 신호탄이었다. (다만 현재 크림반도가 근거지인 크림 칸국은 오스만제국의 보호를 받으며 1783년까지 존속하다 러시아 황제 예카테리나 2세가 보낸 러시아군에 의해 멸망당한다.)

본격적인 러시아의 시베리아 정복은 1582년부터 시작되었다. 서부 시베리아의 몽골족 왕국인 시비르 칸국이 우랄산맥의 러시아인 마을을 습격하고 이반 4세가 보낸 사신을 죽이자, 러시아에서 보복 겸 예방전쟁(적이 쳐들어오기 전에 먼저 적의 영토로 쳐들어가 제압하고자 일으키는 전쟁)을 위해 코사크족 탐험가인 예르마크 Yermak(?~1585)가 지휘하는 코사크족 군대를 보내서 시비르 칸국을 공격하게 한 것이다.

코사크족은 러시아의 변경으로 이주한 러시아 농민들과 몽골-투르크계 유목민들의 혼혈로 탄생한 집단인데, 러시아 군대에 복무하는 대가로 폭넓은 자치권을 누렸다. 러시아의 시베리아 정복은 사실상 코사크족 용병들이 거의 도맡아 했다. 물론 러시아 정부가 코사크족에게만 시베리아 정복을 맡겨놓고, 가만히 앉아 아무

코사크족을 묘사한 그림. 이들은 러시아의 시베리아 정복에 큰 역할을 했다.

일도 하지 않았던 것은 아니었다. 일단 코사크족이 쳐들어가 시베리아 현지를 점령하고 나면 곧바로 그 뒤에 러시아 정부가 코사크족을 돕기 위해 러시아 정규군을 보냈다. 영국이 동인도회사에 소속된 세포이 용병들을 앞세워 인도를 점령하고 나면 그 뒤에 영국 정규군이 도착해서 용병들을 지원한 것과 같은 일이었다.

예르마크가 이끄는 코사크족 군대는 시비르 칸국의 수도인 이스케르를 사흘간 공략한 끝에 함락했다. 승리의 요인은 코사크족 용병들이 사용한 소총에 있었다. 당시 시비르 칸국의 군사들은 창과 활 같은 낙후된 무기만 사용했고, 소총에 대해서는 전혀 몰랐다. 이 때문에 코사크족 용병들과 맞닥뜨린 시비르 칸국의 병사는 국왕인 쿠춤에게 "코사크족이 쏘는 활은 화살을 볼 수가 없고, 천둥 같은 소리가 난다. 우리가 입은 모든 갑옷이 그 화살에 맞으면 모조리 뚫려버린다"라고 절망적인 보고를 했다. 이스케르가 함락되자 쿠춤은 가족들과 함께 남쪽의 노가이 타타르족에게 달아났으나, 러시아의 보복을 두려워한 노가이 타타르족에 의해 죽임을 당했다. 이로써 시비르 칸국은 러시아에 정복당했고, 러시아인들은 광대한 시베리아로 마음껏 뻗어나갈 수 있는 교두보를 확보하게 되었다.

얼핏 생각하면 '시베리아는 춥고 혹독한 황무지인데, 왜 러시아

시비르 칸국을 공격하는 코사크족. 왼쪽의 코사크족이 소총을 쏘는 반면 오른쪽 시비르 군사들은 활을 쏘고 있다. 무기의 질적 차이가 코사크족의 승리를 결정지었다.

가 군이 시베리아에 군대를 보내서 정복하려 했을까? 하는 의문이 들 수도 있다. 하지만 시베리아는 결코 춥기만 한 황무지가 아니었다. 시베리아에는 여우나 담비처럼 풍부한 모피를 제공하는 동물이 가득했다. 그 모피를 팔면 막대한 수익을 얻을 수 있었다. 겨울이 길어 추운 날이 많은 러시아에서 여우나 담비 가죽으로 만든 모피는 추위를 막을 수 있는 고급 상품으로 여겨졌다. 1582년 시비르 칸국을 정복한 에르마크의 코사크족 용병들은 수만 장의 여우와 담비 모피를 노획하여 이반 4세에게 바쳤다. 선물을 잔뜩 받은 이반 4세는 무척이나 기뻐하며 예르마크가 예전에 저지른 강도죄를 모두 사면해주었다.

이렇게 시베리아의 정복 과정에서 얻은 모피들은 러시아의 국가 경제에서 매우 높은 비중을 차지하게 되었다. 1623년 시베리아의 러시아인 관리가 남긴 보고서에 의하면 검은 여우 모피 두 장의 가격은 110루블인데, 그 돈으로 말 10마리와 암소 20마리 및 100에이커의 땅을 살 수 있었다. 1650년대에 이르면 러시아는 국가 수익의 최대 30퍼센트 가량을 모피 무역으로 충당하게 된다. 이 때문에 시베리아 정복에 나선 러시아인들은 모피를 가리켜 "털이 달린 황금"이라고 부를 정도였다.

1598년부터 1613년 동안 러시아는 제위 계승을 놓고 대혼란에 빠지게 되지만, 시베리아에서 얻은 모피로 거두는 수익 때문에 정부는 파산하지 않고 위기를 극복할 수 있었다. 한편 모피는 외국과의 외교 관계에서 중요한 선물이 되기도 했다. 1595년 러시아는 신성로마제국(독일)에 다람쥐 모피 33만 장과 담비 모피 6만 장을 보냈고, 1635년 터키에 1만 루블의 모피를 휴전 협상에 쓸 선물로 보냈다.

이처럼 값진 모피를 얻기 위해 러시아인들은 혹독한 추위에도 아랑곳하지 않고 더 많은 모피를 얻기 위해 시베리아 전역을 누비고 다녔다. 모피를 챙기면 일확천금을 얻어 팔자를 고칠 수 있으니 추위쯤이야 대수로운 문제가 아니었을 것이다. 당시 러시아인들과 함께 모피 무역을 하러 시베리아를 탐험한 어느 영국 상인은 동료인 러시아인들에 대해 이런 기록을 남겼다.

"이 세상에서 그들(러시아인들)처럼 어렵게 사는 사람들은 본 적이 없다. 그들은 아무리 추운 날씨에도 놀라지 않고 태연하게 지낸다. 그들은 두 달 동안 사방이 모조리 얼어붙을 만큼 춥더라도 천막이나 담요조차 덮지 않고, 그대로 야외에서 자고 일어난다. 그들은 1~2개월 치의 식량과 말먹이를 자기 스스로 휴대하고 가져가거나 아니면 현지에서 조달해야 한다. 숨결조차 얼어붙는 혹독한 추위에서 그들이 먹는 식량이라고는 기껏해야 오트밀과 물이 전부다."

러시아인들의 모피 획득 과정에는 어둡고 폭력적인 일도 잦았다. 시베리아로 몰려간 러시아인들은 총과 대포 같은 강력한 화약 무기가 없는 원주민들을 무력으로 위협하여 굴복시키고 그들에게 정기적으로 모피를 공물로 바치라고 강요했다. 이 제도를 러시아인들은 '야삭'이라고 불렀는데, 15세 이상의 원주민 남자들은 1명당 여우나 담비털로 만든 모피를 러시아인 관리들에게 매년 세금으로 내야 했다.

문제는 더 있었다. 시베리아에 파견된 러시아인 관리들은 모스크바의 중앙정부로부터 월급을 받지 않았고, 대신 자기들의 자급자족을 위해 시베리아 현지에서 정부에 바치는 세금 이외에 별도의 세금을 걷어서 그걸로 먹고살았다. 그러니 러시아에 정복당한 시베리아 원주민들은 세금을 이중으로 내야 하는 부담을 안고 살았다. 심지어 러시아인 관리들은 더 많은 모피를 챙기기 위해 다른 러시아인 관리들이 담당한 구역에까지 들어가서 야삭을 바치라고 강요했다. 이 과정에서 러시아인 관리들끼리의 무력 충돌이 벌어지기도 했다. 이렇게 러시아인 관리들의 착취에 시달리다 보니 시베리아 원주민들은 러시아의 통치에 오랫동안 저항했다.

러시아가 시비르 칸국을 정복하고 나서, 시베리아의 내부로 침투하여 처음 맞닥뜨린 원주민은 퉁구스족이었다. 이들은 우랄-알타이 계통의 시베리아 원주민으로 숲속에 살면서 짐승들을 사냥하거나 강과 호수에서 물고기를 낚으며 살아가던 부족이었다. 사슴가죽과 자작나무로 만든 천막에서 살았으며 사냥이나 낚시로 재산을 얻으면 이웃과 모두 나누었다. 이들은 평소에는 자유분방

퉁구스족

하게 살았으나 전쟁 같은 큰일이 닥치면 여러 부족이 모여 임시로 전쟁 지도자인 족장을 선출했다. 짐승들을 사냥하거나 다른 부족과 전쟁을 해야 할 때면 나무와 뼈로 만든 갑옷을 입고 활과 화살과 칼을 들고서 싸움터로 나갔다.

　대략 1610년 이전을 즈음하여 러시아인들과 마주친 퉁구스족은 다눌Danul이라는 전쟁 지도자를 선출하고, 그를 중심으로 모여 러시아인들과 전쟁을 벌였다. 총기나 대포가 없이 원시적인 무기를 가졌지만, 퉁구스족은 그들에게 익숙한 숲의 지형을 이용한 매복과 게릴라전을 벌이며 러시아인들과 맞섰다. 그러자 러시아인들은 퉁구스족과 적대 관계에 있었던 다른 부족인 케트족을 꼬드 겨서 퉁구스족과 싸우게 만들어 서로의 힘을 약화시킨 다음, 마코 프스크와 예니세이스크라는 두 개의 요새를 세워 퉁구스족의 저 항을 억눌렀다. 러시아인들의 군사적 공세가 거세지자 1633년 무 렵, 일단 퉁구스족은 러시아에 정기적으로 담비 모피를 공물로 바 쳤으나 그렇다고 저항을 완전히 포기한 것은 아니었다.

17세기 후반까지 퉁구스족은 공물을 받으러 온 러시아인 관리 들이나 혹은 주둔한 러시아군을 상대로 반란과 기습을 감행하며 치열하게 싸웠다. 이에 러시아는 반란의 주모자들을 교수형에 처 하고 그 시체를 공공장소에 걸어두어 원주민들의 공포심을 불러일 으키는 방식으로 진압했다. 양측이 벌인 폭력과 폭력의 맞대결에 서 결국 인구가 부족한 퉁구스족은 무릎을 꿇었고, 러시아는 시베 리아의 동쪽을 향해 계속 진군해나갔다.

1609년, 러시아인들은 지금의 바이칼 호수 인근에 살고 있던 부 랴트족에 관한 정보를 입수했다. 부랴트족은 몽골계 부족으로 13세 기 초, 칭기즈칸이 세운 몽골제국의 일원으로 활동했다. 이들은 퉁 구스족과는 달리, 말을 타고 유목 생활을 하는 기마민족이었으며, 그런 이유로 뛰어난 철기 제조 기술과 우수한 기마 전술을 보유했 다. 러시아인들에게는 퉁구스족보다 상대하기 어려운 강적이었다.

몽골계 부족인 부랴트족을 찍은 사진. 이들은 퉁구스족보다 훨씬 인구가 많고 조직화되어 있어서 러시아의 지배에도 그나마 정체성을 잃지 않고 버텼다.

1628년부터 약 100년 동안 러시아인들은 부랴트족과 전쟁을 벌였다. 말을 타고서 화살을 쏘는 부랴트족 기마병들은 러시아 군사들에게 위협적인 존재였다. 베르홀렌스크 요새에 주둔한 러시아인 관리들은 러시아 황제 미하일에게 이런 편지를 보내 자신들이 부랴트족과의 전투에서 불리한 위치에 있다는 사실을 강조했다.

"부랴트족은 많은 기마병을 가지고 있습니다. 그들은 철로 만든 방패와 팔뚝과 정강이를 보호하는 갑옷과 머리를 감싸는 투구를 걸치고 싸웁니다. 저희들에게는 그런 보호 장비가 없으며, 저희가 가진 부실한 총으로는 부랴트족의 갑옷과 방패를 뚫지 못합니다."

부랴트족의 저항에 당황한 러시아인들은 케트족을 앞세워 퉁구스족과 싸우게 한 것처럼, 이번에는 퉁구스족을 앞세워 부랴트족과 싸우게 했다. 시베리아는 워낙 크고 넓은 땅이어서 여러 원주민 부족은 연대 의식이 희박했고, 통일된 정치적 공동체를 만들지 못해서 평소 서로 잦은 분쟁과 충돌을 벌였기에 러시아인들의 이간책과 이이제이 전술에 쉽게 넘어갔다. 그리고 몽골족만큼이나 기마전에 능숙한 코사크 군대와 총기 및 대포 같은 강력한 무기들을 러시아 본국에서 더 증원해왔다. 전력을 대폭 증강한 러시아군은 부랴트족을 더욱 강하게 압박하는 한편 부랴트족 지도자들에게 위협적인 어조가 담긴 편지를 보내서 러시아에 굴복할 것을 강요했다.

"당신들이 야삭을 바치지 않거나 러시아 요새나 러시아인을 습격한다면, 우리는 총과 대포를 가진 군대로 당신 본인과 가족과 가축들을 모두 죽이고 집을 태워버리겠다. 그렇게 되고 싶지 않으면, 잘 생각해서 행동하라."

하지만 부랴트족은 여러 면에서 퉁구스족과는 달랐다. 우선 퉁구스족보다 인구가 훨씬 많고 조직화되어 있어서 힘만으로는 굴복시키기가 어려웠다. 고심 끝에 러시아 정부는 부랴트족을 대상으로 대규모의 유화책을 쓰기로 했다. 일단 부랴트족의 여러 부족장에게 러시아에 복종하는 대가로 러시아의 귀족 작위와 함께 기존의 모든 권리를 인정해주었고, 다른 시베리아 원주민들이 부담스러워하던 모피 공물도 면제해주었다. 또한 1728년에는 부랴트족에게 상당한 자치권을 주어서 그들의 내부 사정에 거의 간섭하지 않기로 약속했다. 그리고 부랴트족 전사들은 러시아 군대에 편입되어 청나라와 마주한 러시아 국경선을 지키는 수비대가 되었다.

이러한 유화책이 효과가 있었는지, 18세기 말 이후부터 부랴트족의 반발은 줄어들었다. 그와 동시에 러시아는 부랴트족의 저항을 원천봉쇄하기 위해 부랴트족의 영토로 러시아인들을 집단으로 이주시켜 살게 했다. 그 결과 부랴트족의 땅에 부랴트족보다 러시아인이 더 많아지게 되었다. 이로써 부랴트족은 완전한 러시아의 일부가 되었고 러시아에서 이탈하는 것 자체를 포기하게 되었다.

사하족의 사진. 투르크계 유목민의 후손인 사하족은 부랴트족처럼 인구가 많은 데다가 고유의 문화를 잘 간직하여, 러시아의 지배에도 불구하고 자치 공화국까지 만들 정도로 정체성을 보존하는데 성공했다.

부랴트족과 비슷한 경우에 속하는 원주민 부족이 하나 더 있다. 오늘날 러시아연방에 속한 사하 자치 공화국의 토박이인 사하족(야쿠트족)이다. 사하족은 본래 중앙아시아에 살던 투르크계 유목민족으로, 12세기 무렵 몽골족의 팽창을 피해 북쪽의 시베리아로 이주했다고 추측된다. 이들은 철기 제조 기술과 가축 기르기를 알았고, 무당을 사제로 내세운 샤머니즘을 믿었다.

모피의 원료인 여우와 담비를 찾아 시베리아 동쪽으로 들어간 러시아인들은 1632년에 사하족과 접촉했다. 처음에 사하족은 러시아인들을 적대하지 않았으나, 러시아인들이 사하족의 영토 안에 렌스크Lensk(현재 사하 자치 공화국의 수도인 야쿠츠크Yakutsk) 요새를 세우자 낯선 이방인들의 침입에 불안감을 느낀 사람들이 러시아인들을 몰아내려고 공격을 해왔다. 활과 창밖에 없던 사하족은 러시아인들이 쏘는 총에 놀라 처음에는 혼비백산했으나 곧 총소리에 익숙해지면서 러시아인들을 두려워하지 않았다. 사하족과 러시아인들의 전쟁은 17세기 말까지 계속되었다. 러시아인들은 사하족에게 야삭을 강요했고, 이에 반발한 사하족들은 야삭을 걷으러 온 러시아인 관리와 병사들을 죽였다. 1681년에는 드제니크라는 사하족 족장이 러시아에 반발하는 대대적인 봉기를 일으키는데, 사하족 여인을 아내로 맞은 일부 코사크 병사들까지 참여할 정도로 규모가 컸다.

사하족의 반발에 러시아인들은 끔찍한 극형을 가하는 것으로 대응했다. 드제니크는 러시아군에게 붙잡혀 렌스크로 끌려가서는 산 채로 가죽이 벗겨지는 방식으로 처형되었다. 이 장면을 많은 사하족이 목격했는데 200년이 지난 이후에도 입에 오르내릴 만큼 커다란 공포를 안겨주었다. 드제니크의 처형 이후로 사하족의 반란은 차츰 줄어들었다. 렌스크는 사하족을 정복한 러시아의 굳건한 지점이 되었다. 사하족의 영토는 여름에는 섭씨 30~40도까지 올라 러시아군의 말들이 먹을 풀이 자랐기 때문에 러시아군의 근거지로 매우 적합한 곳이었다.

사하족의 저항을 분쇄하고 난 이후 러시아인들은 새로운 대응책을 마련했다. 사하족 내부에서 러시아의 지배에 협조할 지도자들을 찾아 그들에게 어느 정도의 혜택(기득권 인정, 귀족 작위 수여, 세금 면제 등)을 주어서 각자 거느린 부족민을 통제하도록 하는 방안이었다. 그러자 부랴트족처럼 사하족도 러시아의 체제 안에서 최대한 순응하며, 자신들의 이익을 챙기는 태도로 돌아섰다. 사하족의 족장인 아르자코프 공작은 1767년 러시아 여황제 예카테리나 2세를 만나러 크렘린 궁전을 방문했으며, '토욘'이라 불리는 사하족 족장들은 러시아에 복속하기 전보다 더 많은 특권을 보장받았다.

이 밖에도 사하족은 러시아인들에게 부지런하고 영리하다는 평가를 받았다. 사하족 영토로 이주해 온 러시아인들은 사하족과 통혼하는 일을 꺼려하지 않았고, 심지어 사하족의 영향을 받아 사하족식 이름을 갖기도 했다. 사하족은 부랴트족처럼 인구가 많아 러시아인들도 최대한 그들을 달래는 쪽으로 정책을 잡은 것이다.

사하족을 굴복시킨 러시아인들은 새로운 모피 산지를 찾아서 더 동쪽 깊숙이 나아갔는데, 그 과정에서 태평양과 인접한 지역인 캄차카 반도와 추코트카 반도 및 흑룡강에 발을 들여놓게 되었다. 캄차카 반도에는 이텔멘족(캄차달족)이라는 원주민 부족이 있었다.

이들은 부랴트나 사하족과는 달리 족장이 없었고 모든 부족민이 평등한 관계인 원시공동체를 이루고 살았다. 이텔멘족은 나무와 흙으로 만든 움막집에서 거주했으며, 고래 뼈와 돌로 만든 화살을 무기로 삼아 연어 같은 물고기를 잡아 식량으로 삼는 원시적인 생활 방식을 지니고 있었다.

1697년 코사크 용병들로 구성된 러시아군의 지휘관인 아틀라소프Otlasov(1661~1711)는 120명의 군사를 이끌고 캄차카 반도로 원정을 떠나서 이텔멘족을 공격했다. 열악한 군사 무기와 분열된 부족 체제라는 약점 때문에 이텔멘족은 러시아인들의 침입에 제대로 대응하지 못하고, 그들이 요구하는 대로 여우와 담비 모피들을 공물로 바칠 수밖에 없었다.

그러나 이텔멘족이 계속 러시아인들의 지배에 순응하고 산 것은 아니었다. 1706년, 이텔멘족은 러시아인들의 지배에 맞서 반란을 일으켰다. 러시아인들의 가혹한 모피 요구와 함께 그들이 이텔멘족의 부족민을 잡아다 노예로 파는 것에 대한 반발심 때문이었다. 러시아 정부는 코사크 용병들로 구성된 군대를 보내 이텔멘족의 봉기를 진압하도록 했는데, 1711년에는 캄차카반도에서 코사크 용병들의 손에 의해 이텔멘족이 수없이 죽임을 당해 그들의 시체가 강을 뒤덮었다. 이텔멘족의 마을들은 불에 탔고, 러시아가 요구하는 대로 모피를 공물로 바치는 이텔멘족만 살아남았다.

캄차카 반도의 북쪽에 살았던 코략족과 시베리아 동쪽 끝의 추코트카 반도에 살던 축치족은 시베리아 전체를 통틀어 러시아에 최후까지 맞서던 부족이었다. 이들은 시베리아 원주민 중에서 가장 원시적인 생활을 했지만, 역설적으로 러시아는 이들을 굴복시키는 데 가장 오랜 시간이 걸렸다.

코략족과 축치족은 시베리아에서 제일 춥고 황량한 지역에서 살았기 때문에, 그만큼 거칠고 사나운 기질을 지니고 있었다. 그들은 살인과 전투를 일상적인 일로 여겼으며, 회복이 불가능한 환

쇠로 만든 갑옷을 입고 활을 든 코략족
전사의 모습

자나 죽을 날이 가까운 노인들이 더 이상 고통 받지 않도록 죽이는 일을 훌륭하다고 인식했다. 순록 가죽으로 만든 천막 안에서 살았던 코랴족과 축치족은 뼈로 만든 화살과 창을 무기로 삼고, 쇠나 물개 가죽으로 만든 갑옷과 투구와 방패를 착용하고 싸웠다. 이들은 전쟁에서 패배할 것 같으면, 자신의 가족을 모두 죽이고 스스로 목숨을 끊거나 아니면 적에게 달려들어 끝까지 싸우다 죽는 편을 택할 만큼 용맹한 전사들이었다.

러시아인들은 코랴족과 축치족을 야만적이고 미개하다고 멸시하면서도 두 부족, 특히 축치족의 용맹성을 높이 평가하기도 했다. 1765년에 제작된 러시아 지도에는 축치족을 가리켜 "사납고 야만적인 부족으로, 사로잡히느니 자살을 일삼는 집단"이라고 묘사했으며, 18세기에 나온 러시아어 백과사전은 축치족을 "시베리아의 모든 원주민 중에서 가장 사납고 야만적이고 다루기 어려우며 사악한 족속이다"라고 서술했다. 그런가 하면 축치족에 대한 러시아의 유머 중에는 2명의 축치족이 10억이 넘는 인구를 가진 중국을 상대로 대담무쌍하게 선전포고를 한다는 내용도 있다. 그만큼 축치족의 호전성을 러시아인들이 높이 평가한다는 의미가 담겨 있다.

1669년 러시아 원정대는 현재 마가단 부근에서 코랴족과 만나 전투를 벌였으나 전멸에 가까운 대패를 당한다. 1701년 아나디르

강 하구에 사는 축치족에게 야삭을 바치라고 강요하러 떠난 러시아군 역시 3000명의 축치족 전사와 5일간에 걸친 전투를 벌이다가 전세가 불리해져 철수했다. 뼈를 깎아 만든 화살과 작살 같은 원시적인 무기만 가지고도 코랴족과 축치족은 러시아군과 싸워 이길 만큼 전투에 뛰어난 부족이었다.

게다가 두 부족은 러시아인들의 총이 자기네 무기보다 강력하다는 사실을 알고는 총의 사용법을 익혀서 러시아인들과의 전투에 써먹었다. 러시아인들은 두 부족을 무지한 미개인이라고 깔보았지만, 그들은 결코 어리석은 집단이 아니었던 것이다. 하지만 두 부족은 러시아인들과 싸우는 동시에 자기네끼리도 싸웠다. 1738년 2000명의 축치족 전사가 아나디르스크의 코랴족을 습격해 순록들을 약탈했다. 그러자 코랴족도 축치족을 상대로 같은 짓을 저질렀다. 두 부족이 서로 불화하는 틈을 타서 러시아는 다시 병력을 증강해 공격을 감행했다. 두 부족 중 러시아와 거리가 비교적 가깝고 상대적으로 세력이 약한 코랴족은 러시아의 강력한 군사적 압박에 1만 3000여 명의 인구가 5000여 명으로 줄어드는 타격을 받다가 결국 1758년 러시아에 항복하게 된다.

반면 러시아 본국으로부터 거리가 멀어 러시아인들이 보급에 어려움을 겪던 위치에 있던 축치족은 코랴족보다 훨씬 오래 버티며 저항했다. 1747년 3월 14일 야쿠츠크의 러시아군 사령관인 파블루츠키는 축치족 전사들과의 전투에서 전사했다. 1755년 축치족은 러시아를 상대로 축치족 한 사람당 여우 가죽 한 장을 줄 테니 그 대가로 자신들의 땅을 침범하지 말라는 제안을 했고, 러시아 정부는 그 제안을 받아들였다. 1771년 러시아 정부는 축치족을 제압하기 위해 아나디르스크에 설치했던 요새를 완전히 불태워 철거해버렸다. 54년 동안 요새를 유지하기 위해서 들인 비용이 140만 루블이었지만, 공물의 가치를 합산해봐야 3만 루블도 안 되는 엄청난 적자를 감당하지 못했기 때문이었다.

축치족 전사의 모습을 재현한 모형. 축치족은 시베리아의 동쪽 끝인 추코트카 반도에 살던 부족으로 러시아의 지배에 맞서 가장 오랫동안 저항했던 용맹한 전사들이었다.

1778년 러시아 정부는 축치족과의 협상을 문서로 남겨서, 약간의 모피를 공물로 받는 대신 축치족 영토에 러시아군을 보내지 않기로 합의했다. 1857년 러시아 법전에는 축치족이 러시아 땅에서 살인과 강도죄를 저질렀을 경우를 제외하면 자신들의 땅에서 자기네 뜻대로 스스로를 다스릴 수 있다고 규정했다. 사실상 러시아로부터 자치권을 인정받은 것이었다. 러시아 정부는 축치족의 족장들에게 왕이라는 칭호를 주고 구리 메달을 선물로 주었다. 이런 축치족의 자치는 1917년 공산주의 혁명이 일어나 러시아의 전제 정부가 무너질 때까지 이어졌다. 216년 동안 축치족은 러시아의 지배에 가장 오랫동안 저항한 원주민 부족이었다.

시베리아를 통해서 만난
서양과 동양

오랜 기간 이어진 러시아의 시베리아 정복은 뜻하지 않게 세계사에 큰 영향을 끼쳤다. 시베리아라는 거대한 육상 통로를 거쳐서 서양과 동양이라는 두 문명권이 예상치 못한 만남을 경험한 것이다.

1643년 무렵 러시아인들은 시베리아에서 활동하는 군사와 관리들을 위한 식량 공급지로 적합한 땅을 찾아 남쪽으로 전진하고 있었다. 러시아 본국에서 시베리아로 식량을 가져오려면 시간이 너무 오래 걸렸기 때문에, 그보다 더 가까운 곳에서 식량을 마련할 곳이 절실히 필요했다. 그러던 와중에 러시아 탐험대는 오늘날 만주 북쪽의 흑룡강에 도달했다. 흑룡강 부근은 시베리아보다 훨씬 따뜻하고 땅도 비옥해서 농사를 짓기에 적합했다. 러시아인들은 흑룡강에 아무르 강이라는 이름을 붙이고 인근 계곡에 요새를 만들어 오랫동안 주둔할 준비를 갖추었다.

흑룡강 주변에 살던 원주민 부족인 다후르족을 공격해서 모피를 공물로 받아내던 러시아인들은 뜻밖의 상대를 만나게 된다. 17세기 초, 만주에서 일어나 새로이 중국의 주인이 된 청나라였다. 러시아가 오기 전부터 청나라는 다후르족을 자국의 복속민으로 간주하고 있었는데, 러시아가 다후르족을 공격하자 청나라는 이 행동을 자국에 대한 도전으로 간주하고 러시아인들에게 흑룡강 일대에서 떠나라고 요구했다. 러시아인들은 그 요구를 거절하고 흑룡강 인근의 요새에서 계속 버텼다. 그러자 1652년 청군은 1500명의 군대를 파견해 러시아인들을 공격했는데, 러시아인들의 저항이 완강하여 676명의 전사자를 내는 패배를 겪고서 철수하고 만다. 이것은 13세기 칭기즈칸 시대 이후, 서양과 동양 사이에 벌어진 최초의 전쟁이었다.

패배 소식에 청나라 조정은 러시아인들을 만만하게 볼 상대가 아니라고 여겨, 조선에 도움을 요청했다. 참패의 원인이 러시아인들이 사용하는 총기 때문이라고 판단하여 조총 사격 기술이 뛰어난 조선의 힘을 빌려 러시아를 제압하고자 했던 것이다. 청나라의 요청을 수락한 조선은 1654년과 1658년 두 차례에 걸쳐 러시아인들과 싸울 군대를 보냈으니, 이것이 우리 역사에서 나선정벌羅禪征伐이라고 부르는 사건이다. 나선은 러시아를 한자로 음차한 말이었다.

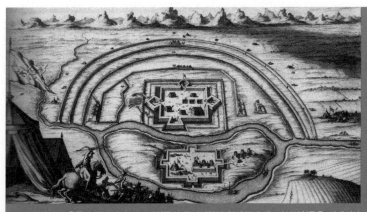

17세기 말까지 흑룡강 일대에서 러시아인들의 근거지였던 알바진 요새. 러시아인들은 시베리아보다 따뜻한 만주의 기후에 반해서 농사를 짓고 오랫동안 거주하려고 했으나 청나라의 힘에 밀려 쫓겨났다.

청나라를 돕기 위해 만주로 떠난 조선군 조총부대는 뛰어난 저격술로 러시아군을 제압했다. 사태가 불리해지자 러시아인들은 270명의 전사자를 남긴 채 철수하게 된다.

하지만 러시아인들이 순순히 흑룡강에서 물러난 것은 아니었다. 1665년, 러시아인들은 흑룡강 상류 동쪽에 세워진 청나라의 야크싸雅克薩 요새를 공격해 점령한다. 그들은 야크싸를 알바진 Albazin이라고 부르면서, 시베리아로부터 러시아인을 불러들여 인원과 무기를 보강하고 알바진 부근에 농사를 지으면서 식량을 축적했다.

러시아인들이 또다시 돌아오자 청나라는 이들을 국경을 위협하는 적대 세력으로 간주하여 5년 후인 1670년 군대를 보내 알바진을 공격한다. 하지만 러시아인들의 방어를 뚫지 못하고 패퇴한다. 러시아인들의 거센 저항에 맞서 청나라는 대포와 곤피滾被(물에 적신 이불) 같은 장비들을 동원하여 만반의 준비를 마친 끝에 1685년 3000명의 군대로 알바진을 맹렬히 공격하여 마침내 함락하고 러시아인들을 쫓아냈다. 하지만 두 달 후에 800명의 러시아 군사가 알바진으로 돌아와 요새를 보강했다. 이에 청나라는 2000명의 군대를 보내 약 6개월에 걸친 포위전 끝에 다시 알바진을 함락하고 러시아군을 쫓아냈다.

무력으로 청나라를 이기는 것이 불가능하다는 사실을 깨달은 러시아는 1689년 9월 7일, 청나라와 정식으로 국가 간의 협상을 벌여 네르친스크조약을 맺었다. 러시아는 알바진을 영원히 포기하고, 외흥안령산맥 북쪽은 러시아 영토이고 남쪽은 모두 청나라의 영토가 된다는 내용에 서명했다. 이로써 러시아의 남진은 169년 동안 저지되었다.

하지만 러시아는 따뜻한 남쪽의 땅과 겨울에도 얼지 않는 항구를 확보하려는 야심을 버리지 못했다. 19세기 중엽, 청나라가 영국과의 아편전쟁에서 패배하고 태평천국 반란에 시달려 쇠약해지자 러시아는 그 틈을 노려 청나라를 군사력으로 압박하여 1860년에 베이징조약을 맺어 바다로 통하는 길목인 지금의 연해주 지역을 피 한 방울 흘리지 않고 차지하게 된다. 당시 청나라는 영국군과 프랑스군의 침략으로 수도인 베이징이 함락되고 황제가 도망치는 등 나라가 거의 망할 상황이어서 러시아의 압력에 저항하지 못한 채 순순히 땅을 떼어줄 수밖에 없었다.

연해주를 확보한 러시아는 허약해진 청나라를 깔보고, 내친 김에 만주까지 세력권 하에 넣고 더 남쪽으로 내려가 조선에 항구를 개방하라고 요구했다. 이반 4세와 표트르 1세 이후, 러시아의 소망이던 겨울에도 얼지 않는 항구를 확보하여 해양으로 뻗어나가겠다는 야심을 드러낸 것이다.

19세기부터 유라시아 대륙 곳곳에서 러시아가 대서양과 인도 양과 태평양 등지로 나오지 못하게 봉쇄하는 이른바 '그레이트 게임'을 벌이고 있던 영국은 일본과 동맹을 맺고, 일본으로 하여금 영국 대신 러시아와 싸우게 해 러시아가 태평양으로 진출하려는 움직임을 막으려 했다. 영국은 일본에 막대한 지원을 하여 러일전쟁(1904~1905)을 일으키도록 유도했다. 해가 지지 않는 대영제국이라 불리던 세계 최강대국인 영국의 전폭적인 지원을 받은 일본은 결국 러시아와 싸워 승리했고, 그 전리품으로 조선을 식민지로 삼는 것을 영국과 미국으로부터 인정받았다. 러일전쟁으로 인해 조선은 일본의 식민지(1910~1945)가 되어 36년 동안 온갖 고난을 겪게 된다. 이후 1945년 일본이 패망하고 난 뒤에도 승전국인 미국과 소련의 입맛대로 남과 북이 분단되는 비극을 겪어야 했다. 그리고 불과 5년 후인 1950년에는 남북이 미국과 소련의 대리전을 치르느라 무려 400만이나 되는 엄청난 인명피해를 초래하는 전쟁을 3년 동안이나 벌여야만 했다.

지금 우리가 언제 또다시 전쟁이 벌어질지 모르는 남북분단의 대치 상태에서 살아가게 된 것은 러시아의 태평양 진출을 막기 위해 영국과 일본이 벌인 러일전쟁의 결과이며, 러일전쟁의 뿌리는 러시아가 시베리아를 정복하고 나서 새로 손에 넣을 땅을 찾아 남쪽으로 내려왔던 일에서 비롯된 셈이다. (물론 러시아인들이 처음부터 그런 결과까지 의도하고 벌인 일은 아니었겠지만.) 르네상스 시대, 러시아가 시베르 칸국을 무너뜨리고 시베리아 정복을 시작하면서 벌어진 역사의 과정이 오늘날 한반도의 분단으로 나타났던 것이다.

르네상스의
이면을 돌아보자

책의 서두에서 얘기했다시피 르네상스에 관한 대중적인 인식은 '예술과 문화가 찬란하게 발달한 시대'라거나 그 시기에 일어난 '과학기술의 발달로 서구가 세계를 주도하게 되었다' 정도에 머물러 있다.

하지만 서기 14세기 중엽과 17세기까지의 역사를 면밀히 살펴본다면 그런 단순한 도식이 사실과 다르거나 맞지 않음을 알 수 있다. 르네상스는 결코 낭만적이기만 한 시대가 아니었다. 오히려 이 시기 유럽인들은 공포와 혼란이 판을 치던 세상에서 하루하루를 불안에 떨어야 했다.

동방의 오스만제국에서 대군이 몰려와 마지막 남은 기독교의 성지인 로마마저 파괴해버리지는 않을까 하고 많은 시민이 두려워했다. 또한 당장이라도 해안에 바르바리 해적선이 나타나 납치와 약탈을 일삼을까봐 걱정했으며, 기독교 왕국끼리 벌이는 전쟁에 언제 자신들이 말려들지 몰라 전전긍긍하며 살았다.

교황이 사는 성스러운 도시인 로마조차 끔찍한 전화戰火에서 벗어날 수 없었다. 돈 욕심에 눈이 먼 무지하고 잔인한 독일 용병들이 교황을 포로로 잡고 로마 시 전체를 상대로 무려 7개월 동안이나 살육과 방화를 자행하는 일이 벌어지기도 했으니 말이다.

사실 르네상스 시기의 어둠은 전쟁만으로 국한되지 않는다. 흑사병을 비롯한 무서운 전염병이 돌기라도 하면 약을 쓰고 의사의 치료를 받아도 회복하지 못하고 죽음을 기다리는 일이 다반사였다. 가족 중 언제 누가 끌려갈지 모르는 마녀사냥도 횡행했다. 마녀로 지목받은 자는 잔혹하고 끔찍한 고문을 받아야 했으며, 제대로 변호도 받지 못한 채 화형에 처해지기 일쑤였다. 천만다행으로 무죄판결을 받더라도 마녀재판에 든 비용을 몽땅 자신의 재산으로 지불해야 했기 때문에 빈털터리가 되는 일도 비일비재했다.

이렇게 불안과 공포로 가득한 르네상스 시기를 가리켜 "찬란한 이성의 시대"라고 찬양하며 후세 사람들에게 그릇된 인식을 가지게 한 장본인은 누구였을까? 그들은 다름 아닌 18세기 계몽주의 시대 유럽의 지식인들이었다. 어째서 이들은 중세를 폄하하고 고대 그리스 로마 시대를 찬양했을까? 그 이유는 두 가지였다.

첫째, 18세기 계몽주의 시대에 들어서면 서구 지식인 사이에는 기독교 신앙이 아닌, 이성을 중시하는 분위기가 싹텄다. 볼테르 같은 지식인과 편지를 주고받은 프로이센의 프리드리히 대왕조차 "만약 자연이 그대와 같은 위대한 현자를 다시 태어나게 할 수 있다면"이라고 말할 정도로 당시 유럽의 권력자들은 신앙보다 자연과학에 더 빠져 있었다.

이런 사회 분위기에서 유럽의 지식인들은 종교 자체를 적대시했다. 종교적인 맹신이 인간의 이성을 마비시키고 미개하게 만든다고 여겼기 때문이다. 그들은 종교 대신 이성을 중시했으며 나중에는 이성 자체를 신 대신 숭배하기 시작했다. 프랑스의 볼테르와 영국의 에드워드 기번이 그 대표적인 예라고 할 수 있다.

특히 영국의 에드워드 기번은 그의 저서 《로마제국 쇠망사》에서 기독교를 노골적으로 폄하하며 기독교 때문에 로마제국이 멸망했다는 극단적인 폭언까지 서슴지 않았다. 프랑스의 사상가 볼테르도 마찬가지였다. 십자군을 "종교를 앞세워 황금을 약탈하려 전쟁을 벌인 침략자들"이라고 폄하하는 시각이 바로 그에게서 비롯했다. 철저한 이성 숭배자로 종교를 멸시했던 볼테르로서는 인간이 경제적인 이윤이 아니라 신앙이나 신념을 위해서 기꺼이 죽음을 감수할 수 있다는 사실을 받아들일 수 없었던 것이다.

이러한 계몽주의-이성적 역사관을 일본의 극우 작가인 시오노 나나미도 《로마인 이야기》에서 그대로 써먹었다. (《로마인 이야기》에 비판적인 사람들이 하나같이 지적하는 사항이 있다. 이 책을 보면 로마인들은 사람이 아니라 컴퓨터 같다는 것이다. 무슨 일을 당해도 일절 감정이 없이 장황한 논리 구조로만 해결하려 든다는 식으로 설명하기 때문이다. 그러나 과연 로마인들이라고 한들 감정이 없었겠는가?) 어쩌면 일신교인 기독교에 대해 다신교적 문화권에서 자란 일본인으로서 태생적인 반감이 작용했을지도 모른다.

종교를 폄하하고 새로운 대안으로 이성을 제시한 계몽주의 시대, 유럽의 지식인들은 기독교가 없었던 고대 그리스 로마에 매료되었다. 그들은 기독교라는 배타적이고 비합리적인 신앙에 매달리기보다는 이성과 철학을 믿었다. 이로써 수백 년 동안 세계를 지배하고 훌륭한 문명을 꽃피우지 않았는가? 유럽의 지식인들은 이성과 합리성을 중시하는 사회를 발전시켜간다면 자신들도 고대 그리스나 로마처럼 위대하게 될 수 있다고 믿었다.

둘째, 계몽주의 시대 유럽을 주도한 영국과 프랑스 같은 주요 강대국의 정치적 상황에 따른 것이었다. 18세기 무렵 영국과 프랑스는 아메리카 대륙, 인도, 동남아시아에 이르는 방대한 지역을 지

배하는 식민지를 건설했다. 로마제국이 멸망한 이후 거의 1000년
간 유럽이라는 한정된 공간에 갇혀 있던 그들이 유럽을 벗어나 대
서양과 인도양, 태평양을 넘나드는 제국을 다스리게 된 것이다.

16세기의 포르투갈과 스페인도 신대륙과 아프리카 및 동남아
에 걸쳐 방대한 지역에 식민지를 두었다. 두 나라는 가톨릭 국가였
고 르네상스 시대의 유럽인은 대개 기독교 신앙 안에 있었다.

이렇게 되자 계몽주의 시대의 지식인들은 자신들의 상황이 옛
날 그리스나 로마제국과 비슷하다고 여겼다. 자신들은 기독교를
신봉하지 않고 이성과 철학을 중시했지만, 세계를 지배하는 대제
국을 세우지 않았는가? 바로 이런 지점에서 계몽주의 시대의 지식
인들은 해외로 진출하지 못하고 좁은 유럽 안에서 기독교라는 신
앙에만 맹목적으로 매달린 중세인들을 미개하고 어리석다고 폄하
하기 시작했다.

"중세인들은 로마제국이 남겨준 찬란한 문명의 유산을 모두 잊
어버렸다, 중세인들은 너무나 지저분해서 목욕도 하지 않고 살았
다, 중세인들은 전부 글을 모르는 문맹이었다, 중세인들은 미개하
고 무지해서 60킬로그램이나 나가는 무거운 갑옷을 입고 제대로
걷지도 못하고 우스꽝스럽게 전쟁터로 나갔다, 중세인들은 오직
교회에서 기도만 했지 실상은 아무것도 몰랐다…….."

이처럼 우리가 중세에 관해 가진 모든 부정적인 이미지는 사실 계몽주의 시대에 볼테르 같은 지식인들에 의해서 만들어진 것이다. 볼테르 본인부터가 "나는 중세를 싫어하기 때문에 중세를 연구한다"고 말할 정도로 중세를 혐오했다.

　　하지만 계몽주의 시대에 태동한 이런 이성 만능주의 세계관을 오늘날의 서구 학자들은 비판하고 있다. 인간은 논리 회로로 구성된 기계나 컴퓨터가 아니다. 사람더러 기계라고 한다면 이는 인간성에 대한 엄청난 모욕일 것이다. 그런데 대량생산을 기본으로 한 자본주의 체제가 성립되면서 기계는 신속, 정확함을 상징하는 칭찬이 되어 버렸다. 참으로 난감할 뿐이다.

　　종교를 멸시하면서 이성을 숭배하자고 외치던 계몽주의 지식인들, 그들이 살던 시대는 과연 이성적이었던가? 프랑스대혁명을 보라. 결코 이성적이지 않다. 혁명의 발단부터가 낭설로 시작되었다. 혁명의 과정은 그야말로 인간성을 말살한 잔인무도한 만행의 연속이었다. 왕과 귀족들이 동원한 군대가 민중을 향해 총을 쏘자 민중은 야수처럼 분노해서 왕족과 귀족을 무자비하게 죽였다. 처음에는 일일이 도끼로 목을 쳤지만, 나중에는 기요틴이라는 참수 기계를 발명해 하루에 50~60명씩 왕족과 귀족의 목을 잘랐다. 너무 많은 사람을 죽여 기요틴마저 고장 나자 나중에는 해안이나 강가로 끌고 가서 빠뜨려 죽였다. 프랑스 남부에서 그렇게 바다에 빠져 익사한 사람만 4만 명에 달했다. 거기에는 남녀노소의 구분조차 없었다. 어린아이, 노인, 여자도 무참히 죽음을 당했던 것이다.

프랑스혁명이 끝나고 19세기 중엽 산업혁명에 성공한 유럽 국가들은 세계 곳곳으로 쳐들어가 식민지 쟁탈전을 벌였다. 더 늘릴 식민지가 없어지자 마침내 두 번에 걸쳐 국력을 총동원한 세계대전을 벌였다. 강제수용소와 독가스, 대량 학살, 인종차별 등 인간이 저지를 수 있는 모든 끔찍한 범죄와 살육이 세계 곳곳에서 자행되었다.

세계대전이 끝난 이후 서구인들은 자신들이 저지른 만행에 큰 충격을 받았다. 흑인이나 황인 같은 다른 지역의 인종들보다 이성적이고 세련되었다고 자부하던 자신들이 그토록 잔인무도한 살육을 저질렀으니 말이다. 광기의 시대에 이성은 찾아볼 수 없었다. 무슨 수를 써서라도 적을 죽이고 말살해야 한다는 욕망만이 가득할 뿐이었다. 두 차례의 세계대전으로 서구인들도 다른 인종과 다를 바 없는 인간에 지나지 않으며 아울러 인간이 이성적인 존재라고 굳게 믿었던 계몽주의적 사고관도 심각한 도전에 직면하게 되었다.

19세기 중엽 메이지유신 이래 탈아입구脫亞入歐를 외치면서 서구의 계몽주의 세계관을 무비판적으로 받아들인 일본인들은 어땠는가? 근대화나 서구화가 더뎌 일본의 식민지로 전락한 조선과 중국 민족을 미개하고 비이성적인 족속으로 조롱하던 일본인들은 오랜 전쟁을 치르면서 과거 유럽인들과 똑같은 길을 걸었다.

태평양전쟁 당시 일본군의 막장 짓을 보면 그야말로 정상이 아니다. 장갑판이 얇아 미군의 공격에 큰 피해를 입던 전차의 약점을 보강하기 위해 두꺼운 장갑판을 붙인 육군 장교에게 "천황이 하사한 물건에 감히 손을 댔다"는 얼토당토않은 죄목을 씌워 처벌했다. 1944년 임팔작전(미얀마와 인도의 국경지대 정글을 통과해 인도를 침공하려던 계획)에서는 총사령관 무다구치 렌야가 "일본인은 옛날부터 채식을 했으니 정글에 난 풀을 뜯어 먹으면서 행군하라"는 식으로 보급을 소홀히 했다가 작전에 동원된 병사의 절반인 5만 명이 굶어죽거나 병들어 죽는 최악의 참패를 겪었다.

이뿐이 아니다. 병사들에게 무모하기 그지없는 '반자이 돌격(병사들이 총을 들고 만세를 외치며 적진으로 쳐들어가는 전술)'을 강요하다가 미군의 집중포화를 받고 몰살당하는 일이 비일비재했다. 전쟁 말기가 되자 성공 확률이 희박하고 효과도 미비한 자살 공격(자폭 항공기인 가미카제와 자폭 잠수함인 카이텐)까지 동원하며 발악에 가까운 광기를 보였다.

저급하고 미개한 아시아인과는 달리 스스로 냉정하고 이성적인 인종이라고 자부하던 일본인들이 막상 위기가 닥치자 이성을 잃고 얼마나 말도 안 되는 광기를 떨었는지 일일이 설명하기조차 어렵다.

이런 의미에서 나는 이성을 추종하고 싶지 않다. 이성에만 의존하다가 그 믿음이 깨어질 때 인간이 얼마나 극단적인 감정으로 치닫게 되는지를 역사 속에서 숱하게 보아왔기 때문이다. 극과 극은 통한다는 말도 있지 않은가. 메마른 이성보다는 따뜻한 감성이 오늘날 우리에게 더 필요하지 않을까?

얼마 전 우리나라에서 한 인문 서적이 베스트셀러가 되었다. 영국의 생물학자인 리처드 도킨스가 쓴 《만들어진 신》이라는 책인데, 본고장인 영국과 서구에서도 큰 반향을 불러일으켰다. 리처드 도킨스는 자신의 저서에서 "종교는 미신이고, 신은 존재하지 않는다. 인간이 종교를 버리면 세상은 행복과 자유를 얻을 것이다"라고 주장한다. 아울러 종교 대신 과학을 가르치자고 얘기한다.

하지만 나는 그의 말을 들으면서 "신 대신 이성을 숭배하자"고 외치던 18세기 계몽주의 시대 지식인들이 생각났다. 이성과 과학을 맹목적으로 추종하다가 '종의 우월성'이라는 극단적인 사이비 과학에 빠져 두 번에 걸친 세계대전과 대학살이라는 파멸의 길을 걷고 만, 유럽의 불행이 다시 이 땅에 벌어지는 건 아닌지 무척 불안하다. 인간의 내면에 존재하는 섬세한 감정을 애써 부정하고, 합리적인 이성만을 내세우던 서구인들은 실로 무지하고 오만했다.

르네상스가 초래한 가장 큰 악영향은 유럽인들이 가는 곳마다 폭력과 혼란이 수출되었다는 점이다.

중남미를 포함한 신대륙에서 스페인과 포르투갈 정복자들은 토착민의 종교와 문화를 말살하고 자신들의 신앙과 언어, 풍습을 따르도록 강요했다. 저항하는 토착민들은 무자비하게 제거되었고, 목숨을 건지기 위해 정복자들의 문화를 따른 토착민들은 목숨을 건졌다.

19세기에 이르러 남미 대륙은 스페인과 포르투갈로부터 독립했지만, 아직도 중남미 국가들의 지배 계층은 스페인과 포르투갈 등 유럽에서 건너온 백인들이거나 백인과 원주민 사이에서 나온 혼혈인들이다. 그에 반해 하류 계층은 옛날 아즈텍과 잉카의 후예인 토착민들이 주축을 이룬다.

아프리카에서는 수천만에 달하는 흑인이 스페인, 포르투갈, 영국, 네덜란드 같은 서구 열강의 노예가 되어 신대륙으로 끌려갔다. 그 과정에서 벌어진 인권 탄압은 도저히 일일이 묘사할 수 없을 정도다. 오늘날 미국을 비롯한 신대륙의 흑인은 모두 르네상스 시대 유럽인들에 의해 끌려온 흑인 노예의 후손이다.

신대륙의 향신료를 노리고 쳐들어온 포르투갈인들은 인도와 동남아의 서부 해안을 무자비하게 약탈하고 정복했다. 그들을 뒤따라 들어온 영국과 네덜란드인들도 그 땅을 수백 년간 식민지로 통치했다.

일본과 교역한 포르투갈인들은 그들에게 조총을 전해주었다. 최신 무기인 조총으로 무장한 일본군은 임진왜란을 일으켜 조선을 침략하여 무수한 살상을 자행했다. 하마터면 조선은 망할 뻔했고, 명나라는 일본을 막기 위해 막대한 군비를 지출하여 휘청거렸다. 결국 명나라는 만주에서 일어난 여진족에게 나라를 빼앗기고 만다. 동아시아에 격변과 혼란을 초래한 원인 중 하나가 포르투갈인들이 일본인들에게 전해준 조총이라고 본다면 지나친 억측일까?

르네상스에 만들어놓은 터전을 바탕으로 서구인들은 20세기에 들어 자기들끼리 식민지를 더 많이 차지하기 위해 두 차례에 걸쳐 치열한 총력전을 벌였다. 이 때문에 수천만 명이 목숨을 잃었다. 세계대전의 발단도 따지고 보면 르네상스 시대에 벌어진 해외 식민지 개척 경쟁이었다.

이러한 사실로 미루어 본다면 르네상스야 말로 전염병과 전쟁, 학살과 약탈이 판을 치던 어두운 시대였다고 할 것이다. 누군가의 말처럼 르네상스 시대의 유럽이야말로 진정한 암흑의 대륙이었다.

참고 자료

01. 예술 금권숭배와 권모술수 속에서 피어난 찬란한 문화

마키아벨리, 《군주론》
_____, 《로마사 논고》
한스 크리스티안 후프 엮음, 《역사의 비밀 2》, 오늘의책

02. 약탈 이탈리아의 르네상스에 대타격을 가한 놀라운 사건

에드워드 기번, 《로마제국 쇠망사》
Ferruccio Cerio, 〈The Barbarians〉(1953) starring Pierre Cressoy

03. 해적 유럽인을 공포에 떨게 한 이슬람 해적단

가일스 밀턴, 《화이트 골드》, 생각의나무, 2005.
고원, 《알라가 아니면 칼을 받아라: 이슬람 역사 1400년》, 동서문화사, 2002.
로저 크롤리, 《바다의 제국들》, 책과함께, 2010.
버나드 루이스, 《이슬람 1400년》, 까치글방, 2001.
_____, 《중동의 역사》, 까치글방
아이라 M. 라피두스, 《이슬람의 세계사 1》, 이산, 2008.
Forester, C. S., 《The Barbary Pirates》, Random House, 1953.

04. 전쟁 살육과 포화 속에 싹틔운 르네상스

강석영 외, 《스페인 포르투갈사(세계각국사 10)》, 미래엔(대한교과서), 1996.

사마천, 《사기》

이강혁, 《스페인 역사 100장면: 알타미라 동굴벽화에서 민주회복까지》, 가람기획, 2003.

이치카와 사아하루, 《환상의 전사들》, 들녘, 2001.

조르주 타트, 《십자군 전쟁: 성전탈환의 시나리오》, 시공사, 1998.

존 H. 엘리엇, 《스페인 제국사 1469-1716》, 까치, 2000.

05. 흑사병 인구 집중이 낳은 엄청난 재앙

김호동, 《동방 기독교와 동서문명》, 까치, 2002.

도현신, 《전장을 지배한 무기전 전세를 뒤바꾼 보급전》, 시대의창, 2016.

로널드 라이트, 《빼앗긴 대륙, 아메리카》, 이론과실천, 2012.

안효상, 《상식 밖의 세계사》, 새길, 1997.

한스 크리스티안 후프 외, 《쿠오 바디스, 역사는 어디로 가는가 1: 재난과 전투, 그리고 암살》, 푸른숲, 2002.

Friedrich Prinzing, 《Epidemics Resulting from Wars》, Clarendon Press, 1916.

Ziegler, Philip, 《The Black Death》, Collins, 1969.

06. 종교개혁 과연 이성적인 일이었을까?

도현신, 《지도에서 사라진 종교들》, 서해문집, 2016.

마귈론 투생 사마, 《먹거리의 역사 (상), (하)》, 까치, 2002.

안나 레이드, 《상식 밖의 세계사》, 새길, 1997.

안효상, 《샤먼의 코트》, 미다스북스, 2003.

제임스 포사이스, 《시베리아 원주민의 역사》, 솔출판사, 2009.

토머스 F. 매든, 《십자군: 기사와 영웅들의 장대한 로망스》, 루비박스, 2005.

07. 과학 종교는 과학과 적대적이기만 한가?

박영배, 《앵글로색슨족의 역사와 언어》, 지식산업사, 2001.
김석산 역, 《베오울프(外)》, 탐구당, 1969.
데라다 다카노부, 《중국의 역사: 대명제국》, 혜안사, 2006.

08. 마녀 마녀사냥의 거짓된 이미지와 중세의 현실

Briggs, K.M, *Pale Hecate's Team, an Examination of the Beliefs on Witchcraft and Magic among Shakespeare's Contemporaries and His Immediate Successors*, The Humanities Press, 1962.
Macfarlane, Alan, *Witchcraft in Tudor and Stuart England: A regional and Comparative Study*, Harper & Row Publishers, 1970.
Midlefort, Erick H.C, *Witch Hunting in Southeastern Germany 1562-1684: The Social and Intellectual Foundation*, Stanford University Press, 1972.
West, Robert H, *Reginald Scot and Renaissance Writings*, Twayne Publishers, 1984.

09. 노예 인종차별의 싹은 르네상스 시대에 시작되었다

장 메이메, 《흑인노예와 노예상인: 인류최초의 인종차별》, 시공사, 1998.
Nieboer, H. J. *Slavery as an Industrial System: Ethnological Researches*, Martinus Nijhoff, 1910.
Phillips, Ulrich B. *Life and Labor in the Old South*, Grossett & Dunlap, 1929.
Sydnor, Charles S. *Slavery in Mississippi*, Louisiana State University Press, 1966.

10. 제노사이드 신대륙에서 벌어진 대학살의 진실

세르주 그뤼진스키, 《아스텍 제국: 그 영광과 몰락》, 시공사, 1995.

에르난 코르테스, 《코르테스의 멕시코제국 정복기 1, 2》, 나남, 2009.

이강혁, 《스페인 역사 100장면: 알타미라 동굴벽화에서 민주회복까지》, 가람기획, 2003.

존 H. 엘리엇, 《스페인 제국사 1469-1716》, 까치, 2000.

킴 매쿼리, 《잉카 최후의 날: 16세기, 잉카 제국에서는 무슨 일이 있었는가?》, 옥당, 2010.

11. 제국주의 서구 열강의 식민지 쟁탈전

강석영 외, 《스페인 포르투갈사(세계명국사 10)》, 미래엔(대한교과서), 1996.

안나 레이드, 《샤먼의 코트》, 미다스북스, 2003.

제임스 포사이스, 《시베리아 원주민의 역사》, 솔출판사, 2009.

Bailey W. Winius, George D. Diffie, Foundations of the Portuguese empire, 1415-1580, University of Minnesota Press, 1977.

르네상스의 어둠
빛의 세계에 가려진 11가지 진실

ⓒ 도현신, 2016

1판 1쇄 발행 | 2012년 11월 10일
2판 1쇄 발행 | 2013년 5월 18일
완전판 1쇄 발행 | 2016년 12월 5일

지은이 도현신
책임편집 손성실
편집 조성우
마케팅 이동준
디자인 표지 오필민 본문 권월화
용지 월드페이퍼
제작 ㈜상지사P&B
펴낸곳 생각비행
등록일 2010년 3월 29일 | 등록번호 제2010-000092호
주소 서울시 마포구 월드컵북로 132, 402호(성산동, 4층)
전화 02) 3141-0485
팩스 02) 3141-0486
이메일 ideas0419@hanmail.net
블로그 www.ideas0419.com

ISBN 979-11-87708-08-7 03900

책값은 뒤표지에 있습니다.
잘못된 책은 바꾸어드립니다.